Eignungstest

Prüfung

Verkäufer/in

Kurt Guth / Marcus Mery
Der Einstellungstest / Eignungstest zur Ausbildung zum Kaufmann im Einzelhandel, Verkäufer, Kaufmann im Groß- und Außenhandel, Fachverkäufer Lebensmittelhandwerk, Handelsassistent und Handelsfachwirt
Geeignet für alle Berufe im Handel und Verkauf

Ausgabe 2012

1. Auflage

Herausgeber: Ausbildungspark Verlag,
Gültekin & Mery GbR, Offenbach, 2012

Das Autorenteam dankt Andreas Mohr
für die Unterstützung.

Umschlaggestaltung: SB Design, bitpublishing

Bildnachweis: Archiv des Verlages
Illustrationen: bitpublishing
Grafiken: bitpublishing, SB Design
Lektorat: Virginia Kretzer

Beiwerk:

Eignungstest
Prüfung 1 • Verkäufer/in

Bibliografische Information der Deutschen Nationalbibliothek –
Die Deutsche Nationalbibliothek verzeichnet diese Publikation in der Deutschen Nationalbibliografie; detaillierte bibliografische Daten sind im Internet über http://dnb.d-nb.de abrufbar.

Gedruckt auf chlorfrei gebleichtem Papier

© 2012 Ausbildungspark Verlag
Lübecker Straße 4, 63073 Offenbach
Printed in Germany

Satz: bitpublishing, Schwalbach
Druck: Ausbildungspark Verlag, Offenbach

ISBN 978-3-941356-01-6

Das Werk, einschließlich aller seiner Teile, ist urheberrechtlich geschützt. Jede Verwertung außerhalb der engen Grenzen des Urheberrechtsgesetzes ist ohne Zustimmung des Verlages unzulässig und strafbar. Das gilt insbesondere für Vervielfältigungen, Übersetzungen, Mikroverfilmungen und die Einspeicherung und Verarbeitung in elektronischen Systemen.

Prüfung 1 • Verkäufer/in

Prüfungsfragen zum schriftlichen Eignungstest zur Ausbildung im Handel und Verkauf

Bearbeitungszeit: 100 Minuten

Hilfsmittel: Bleistift, Radiergummi, Schmierpapier, Taschenrechner

Wichtige Hinweise zur richtigen Bearbeitung des Eignungstests

Dieser Test beinhaltet mehrere Aufgabengebiete. Für die Einführung durch den Prüfer, die Bearbeitung und eine kurze Pause benötigen Sie ca. 100 Minuten.

Die Aufgabenbereiche sind i. d. R. so aufgebaut, dass innerhalb eines Aufgabenbereiches die einfachen Fragen am Anfang stehen und die schwereren Fragen am Ende.

Sie haben für jedes Aufgabengebiet eine feste Zeitvorgabe zur Bearbeitung. Die entsprechenden Zeitvorgaben werden Ihnen in den einzelnen Abschnitten mitgeteilt. Der Prüfer wird Sie durch die Prüfung führen, Ihnen die Zeiten vorgeben und Ihnen ein Zeichen geben, wenn Sie zum nächsten Aufgabengebiet weiterblättern sollen.

Wenn Sie die Aufgaben vor Ablauf der vorgegebenen Zeit gelöst haben, dann dürfen Sie innerhalb einer Aufgabengruppe zurückblättern, um ihre Lösungen noch einmal zu überprüfen. Beachten Sie bitte, dass das Umblättern zu einer anderen Aufgabengruppe streng untersagt ist!

Markieren Sie bitte bei jeder Aufgabe einen Lösungsbuchstaben mit Bleistift. Beachten Sie, dass innerhalb einer Aufgabe nur ein Lösungsvorschlag richtig ist. Markieren Sie daher bei jeder Aufgabe nur einen Lösungsvorschlag, ansonsten wird die Antwort als falsch gewertet.

Hierzu ein Beispiel:

Aufgabe

1. Wie viel ergibt 4 × 3?
    A. 12
    B. 17
    C. 19
    D. 10
    E. Keine Antwort ist richtig.

Antwort

 12

Für den Fall, dass Sie eine Antwort versehentlich falsch markiert haben, radieren Sie Ihre Antwort bitte vorsichtig aus und tragen einen neuen Kreis ein.

Sie erhalten zu jedem Aufgabengebiet einen Bearbeitungshinweis. Lesen Sie diese Hinweise bitte gründlich durch, da Sie wichtige Informationen für die Bearbeitung der Aufgaben erhalten. Nutzen Sie außer Bleistift, Radiergummi, Notizpapier und Taschenrechner keine weiteren Hilfsmittel.

Bearbeiten Sie die Fragen schnell und sorgfältig. Halten Sie sich nicht mit Aufgaben auf, die Ihnen schwer fallen. Berücksichtigen sie, dass dieser Test so zusammengestellt ist, dass kaum jemand in der angesetzten Bearbeitungszeit alle Aufgaben richtig lösen kann.

Behalten Sie daher die Ruhe, wenn Sie die eine oder andere Aufgabe aus zeitlichen Gründen nicht lösen können.

Allgemeinwissen

Verschiedene Themen *Bearbeitungszeit 10 Minuten*

Die folgenden Aufgaben prüfen Ihr Allgemeinwissen.

Zu jeder Aufgabe werden verschiedene Lösungsmöglichkeiten angegeben.
Beantworten Sie bitte die folgenden Aufgaben, indem Sie jeweils den richtigen Buchstaben markieren.

1. Zur Veränderung eines länderbezogenen Bundesgesetzes bedarf es nicht nur der Zustimmung des Bundestages, sondern auch der des …?
    - A. Innenministers.
    - B. Bundestagspräsidenten.
    - C. Bundesrates.
    - D. Justizministers.
    - E. Keine Antwort ist richtig.

2. Welches politische System hat die Bundesrepublik Deutschland?
    - A. Parlamentarische Demokratie
    - B. Parlamentarische Monarchie
    - C. Militärdiktatur
    - D. Sozialismus
    - E. Keine Antwort ist richtig.

3. Welcher der genannten Punkte gehört nicht zu den wirtschaftspolitischen Zielen der Bundesrepublik Deutschland?
    - A. Preisniveaustabilität
    - B. Hoher Beschäftigungsstand
    - C. Außenwirtschaftliches Gleichgewicht
    - D. Verstaatlichung privater Unternehmen
    - E. Keine Antwort ist richtig.

4. Was wird unter dem Begriff „Inflation" verstanden?
    - A. Preisniveaustabilität
    - B. Anstieg des Preisniveaus
    - C. Sinkende Preise
    - D. Geldaufwertung
    - E. Keine Antwort ist richtig.

5. Wie viele Einwohner hat die Bundesrepublik Deutschland ungefähr?
    - A. Ca. 30 Mio.
    - B. Ca. 50 Mio.
    - C. Ca. 80 Mio.
    - D. Ca. 100 Mio.
    - E. Keine Antwort ist richtig.

6. Welches ist das flächengrößte deutsche Bundesland?
    - A. Mecklenburg-Vorpommern
    - B. Bayern
    - C. Rheinland-Pfalz
    - D. Brandenburg
    - E. Keine Antwort ist richtig.

7. **Welche Aussage zum E-Mail-Verkehr ist falsch?**
   A. E-Mail-Verkehr ist eine günstige Alternative zum herkömmlichen Briefverkehr.
   B. Die Zustellgeschwindigkeit ist ein großer Vorteil.
   C. Die Zustellgeschwindigkeit ist unwesentlich langsamer als der Postweg.
   D. E-Mails können schädliche Programme enthalten.
   E. Keine Antwort ist richtig.

8. **Wo finden sich Favoriten, Lesezeichen und Bookmarks?**
   A. Taskleiste auf dem Desktop
   B. Menüleiste des Webbrowsers
   C. Gerätedatenbank des Systems
   D. Boot-Sektor des Rechners
   E. Keine Antwort ist richtig.

9. **Was bedeutet die Abkürzung „IWF"?**
   A. Internationale Wirtschaftsförderung
   B. Industrielle Wirtschaftsförderung
   C. Internationaler Währungsfonds
   D. Internationales Wirtschaftsforum
   E. Keine Antwort ist richtig.

10. **Wofür steht die Abkürzung „IHK"?**
    A. Internationale Handelskomission
    B. Industrie- und Handelsabkommen
    C. Internationale Handelskammer
    D. Industrie- und Handelskammer
    E. Keine Antwort ist richtig.

Fachbezogenes Wissen

Branche und Beruf *Bearbeitungszeit 10 Minuten*

Mit den folgenden Aufgaben wird Ihr fachbezogenes Wissen geprüft.
Beantworten Sie bitte die folgenden Aufgaben, indem Sie jeweils den richtigen Buchstaben markieren.

11. Wo ist Selbstbedienung üblich?
    A. Im Fischfachgeschäft
    B. Im Frisiersalon
    C. Im Supermarkt
    D. Beim Juwelier
    E. Keine Antwort ist richtig.

12. Wie nennt man ein Einzelhandelsgeschäft mit besonders einfacher Ausstattung und niedrigen Preisen?
    A. Kaufhaus
    B. Flagshipstore
    C. Discounter
    D. Second-Hand-Shop
    E. Keine Antwort ist richtig.

13. Welche für den Handel besonders wichtige Steuerart wird „MwSt." abgekürzt?
    A. Die Mehrwertsteuer
    B. Die Mineralwassersteuer
    C. Die Massenwegesteuer
    D. Die Mengenwaagesteuer
    E. Keine Antwort ist richtig.

14. Welche Aussage zu den gesetzlichen Ladenschlusszeiten in Deutschland stimmt?
    A. Jedes Geschäft darf öffnen und schließen, wann es der Inhaber will.
    B. Alle Geschäfte müssen einheitliche Öffnungszeiten haben.
    C. Alle Geschäfte müssen werktags mindestens von 8–20 Uhr geöffnet haben.
    D. Alle Geschäfte müssen an Sonn- und Feiertagen prinzipiell geschlossen haben.
    E. Keine Antwort ist richtig.

15. Ein Kunde beschwert sich: „Dieser Pulli ist zu teuer!" Sie reagieren angemessen und antworten: …?
    A. „Im Vergleich zu unseren anderen Pullis ist dieser hier eigentlich sehr günstig. Da kann ich leider nichts für Sie tun."
    B. „Gute Qualität hat eben ihren Preis, das ist in anderen Geschäften genauso. Vielleicht wird er ja mal heruntergesetzt."
    C. „Das kann ich nachvollziehen, niedrig ist der Preis nicht. Dafür bekommen Sie allerdings auch ein Markenprodukt aus hochwertiger Baumwolle."
    D. „Sie haben Recht, der Pulli ist wirklich ziemlich teuer. Ich suche Ihnen einen anderen."
    E. Keine Antwort ist richtig.

16. Den einzelnen käuflichen Gegenstand bezeichnet man als …?
    A. Artikel.
    B. Sortiment.
    C. Warengruppe.
    D. Solitär.
    E. Keine Antwort ist richtig.

17. In welcher Warengruppe finden sich Blusen, Röcke, Jacken und Hosen?
    A. Haushaltsbedarf
    B. Persönliches
    C. Seidenblusen & Lederjacken
    D. Damenoberbekleidung
    E. Keine Antwort ist richtig.

18. Was zählt zum Kernsortiment einer Bäckerei?
    A. Eier
    B. Brot
    C. Mehl
    D. Hefe
    E. Keine Antwort ist richtig.

19. Ein Rasiergerät trägt das Zeichen „GS – geprüfte Sicherheit". Was sagt Ihnen das?
    A. Nichts – das GS-Zeichen ist ein Werbemittel, das jeder Hersteller ohne Weiteres nutzen darf.
    B. Dass der Artikel aus Ostasien importiert wurde – das Zeichen verwenden dortige Hersteller als Qualitätszeugnis
    C. Dass der Artikel von einem großen Elektrohersteller stammt, der sich das GS-Signet als Markenzeichen hat schützen lassen
    D. Dass die Bauart des Geräts amtlich auf ihre Sicherheit überprüft wurde
    E. Keine Antwort ist richtig.

20. Wie hoch ist das Pfand auf Einwegflaschen?
    A. 25 Cent
    B. 50 Cent
    C. 10 % des Verkaufspreises
    D. Auf Einwegflaschen wird kein Pfand erhoben.
    E. Keine Antwort ist richtig.

Fachbezogenes Wissen

Azubitätigkeiten im Verkauf *Bearbeitungszeit 5 Minuten*

Mit den folgenden Aufgaben wird Ihr fachbezogenes Wissen geprüft.

Welche aufgeführten Tätigkeiten gehören zu den Aufgaben eines Auszubildenden im Berufsbild des Verkäufers / der Verkäuferin?

Für eine richtige Antwort kreuzen Sie bitte „Ja" an.
Für eine falsche Antwort kreuzen Sie bitte „Nein" an.

21. Die Bedienung und Beratung von Kunden.
    - [ ] Ja
    - [ ] Nein

22. Die Durchführung der Beurteilung von Mitarbeitern.
    - [ ] Ja
    - [ ] Nein

23. Koordination und Leitung der Jahresinventur.
    - [ ] Ja
    - [ ] Nein

24. Die eigenständige Annahme von Warenlieferungen in der Warenannahme.
    - [ ] Ja
    - [ ] Nein

25. Das Führen von Mitarbeitergesprächen.
    - [ ] Ja
    - [ ] Nein

Sprachbeherrschung

Rechtschreibung *Bearbeitungszeit 10 Minuten*

Im nächsten Abschnitt werden Ihre Rechtschreibkenntnisse geprüft.
Wählen Sie bei jeder Aufgabe die richtige Schreibweise aus und markieren Sie den zugehörigen Buchstaben.

26.
- A. Prinzipe
- B. Prinziep
- C. Prinzip
- D. Prinzib
- E. Keine Antwort ist richtig.

27.
- A. bedeutenter
- B. bedeutendser
- C. bedeutenster
- D. bedeutendster
- E. Keine Antwort ist richtig.

28.
- A. Skise
- B. Skize
- C. Skitze
- D. Skizze
- E. Keine Antwort ist richtig.

29.
- A. Strategie
- B. Strategi
- C. Strattegi
- D. Strahtegie
- E. Keine Antwort ist richtig.

30.
- A. Grafik
- B. Graffik
- C. Grafig
- D. Grafick
- E. Keine Antwort ist richtig.

31.
- A. Formulahr
- B. Vormular
- C. Vormulahr
- D. Formular
- E. Keine Antwort ist richtig.

32.
- A. Etiketen
- B. Etiketten
- C. Ettiketten
- D. Etikätten
- E. Keine Antwort ist richtig.

33.
- A. Protokol
- B. Prottokol
- C. Protokoll
- D. Prottokoll
- E. Keine Antwort ist richtig.

34.
- A. Satellit
- B. Sattelit
- C. Satelitt
- D. Sattellitt
- E. Keine Antwort ist richtig.

35.
- A. atletisch
- B. athletisch
- C. athletich
- D. attletisch
- E. Keine Antwort ist richtig.

Sprachbeherrschung

Bedeutung von Sprichwörtern   *Bearbeitungszeit 10 Minuten*

Bei den nächsten Aufgaben geht es darum, für die jeweiligen Sprichwörter die richtige Bedeutung zu erkennen.
Beantworten Sie bitte die folgenden Aufgaben, indem Sie jeweils den richtigen Buchstaben markieren.

36. Lügen haben kurze Beine.
    A. Mit Lügen kommt man nicht weit.
    B. Kinder lügen meistens.
    C. Großen Menschen glaubt man eher.
    D. Lügner erkennt man an der Körperhaltung.
    E. Keine Antwort ist richtig.

37. Viele Köche verderben den Brei.
    A. Viele Köche sind schlecht ausgebildet.
    B. Scheinbar einfache Gerichte erfordern besonderes Geschick bei der Zubereitung.
    C. Nur Mütter können guten Brei kochen.
    D. Wenn zu viele Leute an einem Projekt arbeiten, gefährdet das den Erfolg.
    E. Keine Antwort ist richtig.

38. Eine Schlange am Busen nähren.
    A. Viele Menschen sind falsch.
    B. Falschen Freunden vertrauen
    C. Es ist gut, jemandem zu vertrauen.
    D. Ein krankes Tier aufziehen
    E. Keine Antwort ist richtig.

39. Steter Tropfen höhlt den Stein.
    A. Es ist sinnlos zu versuchen, Steine mit Wasser auszuhöhlen.
    B. Beharrlichkeit führt zum Erfolg.
    C. Wasser ist härter als Stein.
    D. Steine durchlöchert man am besten mit Tropfen.
    E. Keine Antwort ist richtig.

40. Hunde, die bellen, beißen nicht.
    A. Wer lautstark droht, ist ungefährlich.
    B. Der will doch nur spielen.
    C. Hunde, die nicht bellen, sind gefährlich.
    D. Kleine Hunde sind gefährlicher als große.
    E. Keine Antwort ist richtig.

41. Hochmut kommt vor dem Fall.
    A. Wer Höhenangst hat, soll besser unten bleiben.
    B. Man muss die eigenen Fähigkeiten richtig einschätzen können.
    C. Man soll nur Dinge machen, die man sich auch zutraut.
    D. Überheblichkeit kommt vor dem Scheitern.
    E. Keine Antwort ist richtig.

42. **Zeit ist Geld.**
    A. Wer Zeit hat, hat auch Geld.
    B. Jede Minute ist kostbar.
    C. Zeit kann man nicht kaufen.
    D. Reiche Menschen haben keine Zeit.
    E. Keine Antwort ist richtig.

43. **Wie die Saat, so die Ernte.**
    A. Bauern müssen das ganze Jahr hart arbeiten.
    B. Wer säen kann, muss auch ernten.
    C. Mit wenig Aufwand kann man kein perfektes Ergebnis erzielen.
    D. Man muss alles in der richtigen Reihenfolge machen.
    E. Keine Antwort ist richtig.

44. **Freunde in der Not gehen tausend auf ein Lot.**
    A. Gute Freunde sind immer für einen da.
    B. Es ist schwer, gute Freunde zu finden.
    C. In schweren Zeiten stehen einem nur wenige Freunde wirklich bei.
    D. Freunde sind etwas Wichtiges.
    E. Keine Antwort ist richtig.

45. **Der Krug geht so lange zum Brunnen, bis er bricht.**
    A. Etwas geht meistens gut.
    B. Etwas geht nicht auf Dauer gut.
    C. Dinge sind ersetzbar.
    D. Etwas geht häufig gut.
    E. Keine Antwort ist richtig.

Sprachbeherrschung

Wortähnlichkeiten *Aufgabenerklärung*

In diesem Abschnitt wird Ihre Fähigkeit zu logischem Denken im sprachlichen Bereich geprüft.

In den folgenden Aufgaben werden Ihnen jeweils fünf Wörter vorgegeben, wovon vier in einer gewissen Weise einander ähnlich sind. Ein Wort passt jedoch nicht zu den restlichen Begriffen.

Beantworten Sie bitte die folgenden Aufgaben, indem Sie jeweils den richtigen Buchstaben markieren.

Hierzu ein Beispiel

Aufgabe

1.
- A. Motorrad
- B. Personenkraftwagen
- C. Lastkraftwagen
- D. Traktor
- E. Rose

Antwort

 Rose

Bei den ersten vier Antworten handelt es sich um Kraftfahrzeuge. Bei der fünften Antwort handelt es sich um eine Pflanze. Somit kommt nur „Rose" infrage; Lösungsbuchstabe ist daher das E.

Wortähnlichkeiten

Bearbeitungszeit 10 Minuten

In den folgenden Aufgaben werden Ihnen jeweils 5 Wörter vorgegeben. Eines davon passt nicht zu den restlichen Begriffen.

Beantworten Sie bitte die folgenden Aufgaben, indem Sie jeweils den richtigen Buchstaben markieren.

46.
- A. Deutscher Meister
- B. Europameister
- C. Weltmeister
- D. Hausmeister
- E. Olympiasieger

47.
- A. Boutique
- B. Geschäft
- C. Stadion
- D. Kiosk
- E. Kaufhaus

48.
- A. Bitter
- B. Giftig
- C. Süß
- D. Sauer
- E. Salzig

49.
- A. Individuum
- B. Crew
- C. Mannschaft
- D. Riege
- E. Team

50.
- A. Wasser
- B. Regen
- C. Nass
- D. Feucht
- E. Trocken

51.
- A. Sommer
- B. Winter
- C. Ostern
- D. Frühling
- E. Herbst

52.
- A. Bald
- B. Demnächst
- C. Danach
- D. Später
- E. Jetzt

53.
- A. Schwäche
- B. Mangel
- C. Makel
- D. Vorteil
- E. Fehler

54.
- A. Blau
- B. Dunkel
- C. Grün
- D. Rosa
- E. Braun

55.
- A. Violoncello
- B. Kontrabass
- C. Viola
- D. Posaune
- E. Violine

Mathematik

Prozentrechnen   ***Bearbeitungszeit 5 Minuten***

Bei der Prozentrechnung gibt es drei Größen, die zu beachten sind, den Prozentsatz, den Prozentwert und den Grundwert. Zwei dieser Größen müssen gegeben sein, um die dritte Größe berechnen zu können.

Beantworten Sie bitte die folgenden Aufgaben, indem Sie jeweils den richtigen Buchstaben markieren.

56. Herr Mayer möchte einen gebrauchten PKW für 10.000 € erwerben. Da Herr Mayer ein guter Kunde ist, bekommt er einen Rabatt von 10 Prozent. Wie viel Euro spart er durch den Rabatt?
    A. 500 €
    B. 800 €
    C. 1.000 €
    D. 1.200 €
    E. Keine Antwort ist richtig.

57. Durch seine langjährige Erfahrung im Handel konnte Herr Mayer den Preis für sein neues Fahrzeug von 20.000 € auf 18.000 € drücken. Wie viel Prozent Rabatt konnte Herr Mayer durch sein geschicktes Verhandeln erzielen?
    A. 5 %
    B. 10 %
    C. 15 %
    D. 20 %
    E. Keine Antwort ist richtig.

58. Herr Mayer hat für die Betriebsratsversammlung einen Raum inklusive Bewirtung angemietet. Da Herr Mayer ein Stammkunde ist, erhält er das Angebot abzüglich 10 Prozent Rabatt für 3.600 €. Wie viel Euro hätte Herr Mayer regulär zahlen müssen?
    A. 3.500 €
    B. 4.000 €
    C. 4.500 €
    D. 5.500 €
    E. Keine Antwort ist richtig.

59. Bei einer 20 %-Rabattaktion möchte Herr Mayer richtig zuschlagen. Er will einen Posten über 20.000 € erwerben. Wie viel Euro würde Herr Mayer bei dem Rabatt von 20 % sparen?
    A. 3.000 €
    B. 3.500 €
    C. 4.000 €
    D. 4.500 €
    E. Keine Antwort ist richtig.

60. Der Preis für eine Maschine wurde von 19.600 € auf 16.660 € gesenkt. Wie viel Prozent beträgt die Preisreduzierung?
    A. 10 %
    B. 12 %
    C. 14 %
    D. 15 %
    E. Keine Antwort ist richtig.

Mathematik

Maße und Einheiten umrechnen *Bearbeitungszeit 5 Minuten*

Beantworten Sie bitte die folgenden Aufgaben, indem Sie jeweils den richtigen Buchstaben markieren.

61. Wie viele Millimeter sind 38,4 Zentimeter?
    - A. 3,84 mm
    - B. 384 mm
    - C. 76,8 mm
    - D. 3.840 mm
    - E. Keine Antwort ist richtig.

62. Für die Anbindung an ein modernes Schienennetz muss die alte Infrastruktur überarbeitet und eine Schienenstrecke von 265 Metern Länge gebaut werden – das sind wie viele Kilometer?
    - A. 0,265 km
    - B. 2,65 km
    - C. 26,5 km
    - D. 265 km
    - E. Keine Antwort ist richtig.

63. Wie viele Milligramm sind 0,078 Gramm?
    - A. 78 mg
    - B. 7,8 mg
    - C. 780 mg
    - D. 0,78 mg
    - E. Keine Antwort ist richtig.

64. Wie viele Kilometer sind 67 Zentimeter?
    - A. 0,0000067 km
    - B. 0,00067 km
    - C. 0,067 km
    - D. 6,7 km
    - E. Keine Antwort ist richtig.

65. Wie viele Hektoliter sind 416 Liter?
    - A. 4.160 hl
    - B. 41.600 hl
    - C. 8,32 hl
    - D. 4,16 hl
    - E. Keine Antwort ist richtig.

Mathematik

Gemischte Textaufgaben

Bearbeitungszeit 5 Minuten

Herr Mayer erhält nach seinem täglichen Einkauf im Lebensmittelladen an der Ecke folgende Rechnung.

Bitte überprüfen Sie die einzelnen Beträge auf ihre Richtigkeit und beantworten Sie die folgenden Aufgaben, indem Sie jeweils den richtigen Buchstaben markieren.

minuscule markt
Unendlichkeitsschleife 1 - 24217 Kalifornien
Telefon 04021-1234567

3×1,19	H-Milch 3,5%	4,57	E
4×1,99	Taschenbuch Reduz.	7,96	E
2×7,99	Ki-Pullover	15,29	V
2×2,19	Schokolade Exquisit	4,28	E
600g	9,99 EUR/kg Kirschen Span. Kl.1	4,20	E
700g	3,99 EUR/kg Aprikosen Deut. Kl.1	2,69	E
750g	2,29 EUR/kg Strauchtomaten Ital. Kl.1	1,72	E
	SUMME.	EUR	

66. Wie hoch ist der korrekte Gesamtpreis für die H-Milch?

   A. 2,38 €
   B. 4,57 €
   C. 3,57 €
   D. 5,83 €
   E. Keine Antwort ist richtig.

67. Wie hoch ist der korrekte Gesamtpreis für die Taschenbücher?

   A. 7,38 €
   B. 7,96 €
   C. 1,99 €
   D. 5,83 €
   E. Keine Antwort ist richtig.

68. Wie hoch ist der Gesamtpreis laut Rechnung für die Bekleidung?

   A. 7,96 €
   B. 15,29 €
   C. 23,16 €
   D. 24,25 €
   E. Keine Antwort ist richtig.

69. Wie hoch ist der Gesamtpreis laut Rechnung für alle Non-Food-Artikel (keine Lebensmittel)?

   A. 21,42 €
   B. 22,96 €
   C. 23,16 €
   D. 23,25 €
   E. Keine Antwort ist richtig.

70. Wie hoch ist der Gesamtbetrag, den Herr Mayer laut Kassenbon zu zahlen hatte?

   A. 40,19 €
   B. 52,29 €
   C. 40,71 €
   D. 42,17 €
   E. Keine Antwort ist richtig.

Logisches Denkvermögen

Zahlenreihen fortsetzen   **Bearbeitungszeit 10 Minuten**

Im nächsten Abschnitt haben Sie Zahlenfolgen, die nach festen Regeln aufgestellt sind.
Bitte markieren Sie den Antwortbuchstaben der Zahl, von der Sie denken, dass sie die Reihe am sinnvollsten ergänzt.

71.

- A. 17
- B. 36
- C. 32
- D. 13
- E. Keine Antwort ist richtig.

72.

- A. 10
- B. 14
- C. 18
- D. 20
- E. Keine Antwort ist richtig.

73.

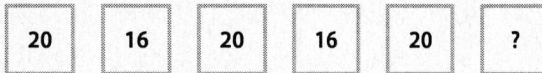

- A. 14
- B. 16
- C. 18
- D. 20
- E. Keine Antwort ist richtig.

74.

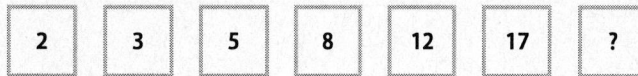

- A. 21
- B. 23
- C. 12
- D. 19
- E. Keine Antwort ist richtig.

75.

| 1 | 3 | 5 | 7 | 9 | ? |

- A. 10
- B. 11
- C. 12
- D. 13
- E. Keine Antwort ist richtig.

76.

| $\frac{2}{4}$ | $\frac{4}{4}$ | $\frac{8}{4}$ | $\frac{16}{4}$ | ? |

- A. $\frac{18}{4}$
- B. $\frac{32}{6}$
- C. $\frac{24}{4}$
- D. $\frac{32}{4}$
- E. Keine Antwort ist richtig.

77.

| 2 | 4 | 12 | 24 | 72 | ? |

- A. 18
- B. 216
- C. 144
- D. 15
- E. Keine Antwort ist richtig.

78.

| 36 | 9 | 12 | 3 | ? |

- A. 7
- B. 6
- C. 8
- D. 17
- E. Keine Antwort ist richtig.

79.

| 2 | 5 | 10 | 17 | ? |

A. 26
B. 25
C. 38
D. 32
E. Keine Antwort ist richtig.

80.

| 8 | 24 | 23 | 69 | 68 | ? |

A. 276
B. 204
C. 67
D. 105
E. Keine Antwort ist richtig.

Logisches Denkvermögen

Wörter erkennen   *Aufgabenerklärung*

Dieser Abschnitt prüft Ihr Sprachgefühl und Ihren Wortschatz.
Ihre Aufgabe besteht darin, Wörter in durcheinander gewürfelten Buchstabenfolgen zu erkennen.
Bitte markieren Sie den Buchstaben, von dem Sie denken, dass es der Anfangsbuchstabe des gesuchten Wortes sein könnte.

Hierzu ein Beispiel

Aufgabe

1.
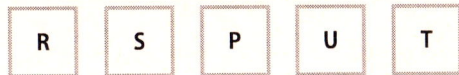

A. R
B. S
C. P
D. U
E. T

Antwort

 S

In dieser Buchstabenreihe versteckt sich das Wort „SPURT" und die richtige Antwort lautet B.

1. Prüfung Verkäufer/in

Wörter erkennen

Bearbeitungszeit 10 Minuten

Welches Wort versteckt sich in der Buchstabenreihe?
Beantworten Sie bitte die folgenden Aufgaben, indem Sie den Anfangsbuchstaben des gesuchten Wortes markieren.

81.

B A L E K

A. B
B. A
C. L
D. E
E. K

82.

S G A S E

A. S
B. G
C. A
D. S
E. E

83.

I E H L F

A. I
B. E
C. H
D. L
E. F

84.

T A F H R

A. T
B. A
C. F
D. H
E. R

85.

D B N O E

A. D
B. B
C. N
D. O
E. E

86.

N S N O E

A. N
B. S
C. N
D. O
E. E

87.

L E K O W

A. L
B. E
C. K
D. O
E. W

88.

C H O W E

A. C
B. H
C. O
D. W
E. E

89.

S I S B A

A. S
B. I
C. S
D. B
E. A

90.

S E W E N

A. S
B. E
C. W
D. E
E. N

Logisches Denkvermögen

Sprachlogik: Analogien *Aufgabenerklärung*

In diesem Abschnitt wird Ihre Fähigkeit zu logischem Denken im sprachlichen Bereich geprüft.

Pro Aufgabe werden Ihnen zwei Wörter vorgegeben, die in einer bestimmten Beziehung zueinander stehen. Eine ähnliche Beziehung besteht zwischen einem dritten und vierten Wort. Das dritte Wort wird Ihnen vorgegeben, das vierte sollen Sie in den Antworten A bis E selbst ermitteln.

Hierzu ein Beispiel

Aufgabe

1. dick : dünn wie lang : ?
   - A. hell
   - B. dunkel
   - C. schmal
   - D. kurz
   - E. schlank

Antwort

(D.) kurz

Gesucht wird also ein Begriff, zu dem sich „lang" genauso verhält wie „dick" zu „dünn". Da „dick" das Gegenteil von „dünn" ist, muss ein Begriff gefunden werden, zu dem „lang" das Gegenteil ist. Von den Wahlwörtern kommt somit nur „kurz" infrage; Lösungsbuchstabe ist daher das D.

Sprachlogik: Analogien

Bearbeitungszeit 10 Minuten

Beantworten Sie bitte die folgenden Aufgaben, indem Sie jeweils den richtigen Buchstaben markieren.

91. Ball : werfen wie Pistole : ?
    A. schießen
    B. rollen
    C. Handball
    D. Fußball
    E. laut

92. Auto : Straße wie Zug : ?
    A. Schaffner
    B. Fahrkarte
    C. Schiene
    D. Rad
    E. Ampel

93. Skala : Thermometer wie Ziffernblatt : ?
    A. Bild
    B. Skizze
    C. Uhr
    D. Bildschirm
    E. Tableau

94. Spanien : König wie Deutschland : ?
    A. Bundeskanzler
    B. Bundespräsident
    C. Minister
    D. Bundesrat
    E. König

95. Haare : Kamm wie Rasen : ?
    A. Gärtner
    B. Rasenmäher
    C. Spaten
    D. Rechen
    E. Blume

96. Abenddämmerung : Nacht wie Morgengrauen : ?
    A. Nachmittag
    B. Mittag
    C. Tag
    D. Abend
    E. Frühstück

97. Garage : Auto wie Hangar : ?
    A. Rennwagen
    B. Flugzeug
    C. Maschine
    D. Schiff
    E. Motorboot

98. Eisen : Rost wie Pflaume : ?
    A. Obst
    B. Verwesung
    C. Loch
    D. Fäulnis
    E. Wurzel

99. Hering : Schwarm wie Wolf : ?
    A. Rudel
    B. Hund
    C. Schaf
    D. Wölfin
    E. Barsch

100. Autor : Text wie Komponist : ?
    A. Instrument
    B. Heft
    C. Buch
    D. Literatur
    E. Melodie

Ausbildungspark Verlag

Lübecker Straße 4 • 63073 Offenbach
Tel. 069-40 56 49 73 • Fax 069-43 05 86 02
Netzseite: www.ausbildungspark.com
E-Post: kontakt@ausbildungspark.com

Copyright © 2012 Ausbildungspark Verlag – Gültekin & Mery GbR.

Alle Rechte liegen beim Verlag.

Das Werk, einschließlich aller seiner Teile, ist urheberrechtlich geschützt. Jede Verwertung außerhalb der engen Grenzen des Urheberrechtsgesetzes ist ohne Zustimmung des Verlages unzulässig und strafbar. Das gilt insbesondere für Vervielfältigungen, Übersetzungen, Mikroverfilmungen und die Einspeicherung und Verarbeitung in elektronischen Systemen.

Eignungstest

Prüfung

Kaufmann/-frau im Einzelhandel

Kurt Guth / Marcus Mery
Der Einstellungstest / Eignungstest zur Ausbildung zum Kaufmann im Einzelhandel, Verkäufer, Kaufmann im Groß- und Außenhandel, Fachverkäufer Lebensmittelhandwerk, Handelsassistent und Handelsfachwirt
Geeignet für alle Berufe im Handel und Verkauf

Ausgabe 2012

1. Auflage

Herausgeber: Ausbildungspark Verlag,
Gültekin & Mery GbR, Offenbach, 2012

Das Autorenteam dankt Andreas Mohr
für die Unterstützung.

Umschlaggestaltung: SB Design, bitpublishing

Bildnachweis: Archiv des Verlages
Illustrationen: bitpublishing
Grafiken: bitpublishing, SB Design
Lektorat: Virginia Kretzer

Beiwerk:

Eignungstest
Prüfung 2 · Kaufmann/-frau im Einzelhandel

Bibliografische Information der Deutschen Nationalbibliothek –
Die Deutsche Nationalbibliothek verzeichnet diese Publikation in der Deutschen Nationalbibliografie; detaillierte bibliografische Daten sind im Internet über http://dnb.d-nb.de abrufbar.

Gedruckt auf chlorfrei gebleichtem Papier

© 2012 Ausbildungspark Verlag
Lübecker Straße 4, 63073 Offenbach
Printed in Germany

Satz: bitpublishing, Schwalbach
Druck: Ausbildungspark Verlag, Offenbach

ISBN 978-3-941356-01-6

Das Werk, einschließlich aller seiner Teile, ist urheberrechtlich geschützt. Jede Verwertung außerhalb der engen Grenzen des Urheberrechtsgesetzes ist ohne Zustimmung des Verlages unzulässig und strafbar. Das gilt insbesondere für Vervielfältigungen, Übersetzungen, Mikroverfilmungen und die Einspeicherung und Verarbeitung in elektronischen Systemen.

Prüfung 2 • Kaufmann/-frau im Einzelhandel

**Prüfungsfragen zum schriftlichen Eignungstest zur
Ausbildung Handel und Verkauf**

Bearbeitungszeit: 100 Minuten

Hilfsmittel: Bleistift, Radiergummi, Schmierpapier, Taschenrechner

Wichtige Hinweise zur richtigen Bearbeitung des Eignungstests

Dieser Test beinhaltet mehrere Aufgabengebiete. Für die Einführung durch den Prüfer, die Bearbeitung und eine kurze Pause benötigen Sie ca. 100 Minuten.

Die Aufgabenbereiche sind i. d. R. so aufgebaut, dass innerhalb eines Aufgabenbereiches die einfachen Fragen am Anfang stehen und die schwereren Fragen am Ende.

Sie haben für jedes Aufgabengebiet eine feste Zeitvorgabe zur Bearbeitung. Die entsprechenden Zeitvorgaben werden Ihnen in den einzelnen Abschnitten mitgeteilt. Der Prüfer wird Sie durch die Prüfung führen, Ihnen die Zeiten vorgeben und Ihnen ein Zeichen geben, wenn Sie zum nächsten Aufgabengebiet weiterblättern sollen.

Wenn Sie die Aufgaben vor Ablauf der vorgegebenen Zeit gelöst haben, dann dürfen Sie innerhalb einer Aufgabengruppe zurückblättern, um ihre Lösungen noch einmal zu überprüfen. Beachten Sie bitte, dass das Umblättern zu einer anderen Aufgabengruppe streng untersagt ist!

Markieren Sie bitte bei jeder Aufgabe einen Lösungsbuchstaben mit Bleistift. Beachten Sie, dass innerhalb einer Aufgabe nur ein Lösungsvorschlag richtig ist. Markieren Sie daher bei jeder Aufgabe nur einen Lösungsvorschlag, ansonsten wird die Antwort als falsch gewertet.

Hierzu ein Beispiel:

Aufgabe

1. Wie viel ergibt 4 × 3?
   - A. 12
   - B. 17
   - C. 19
   - D. 10
   - E. Keine Antwort ist richtig.

Antwort

 12

Für den Fall, dass Sie eine Antwort versehentlich falsch markiert haben, radieren Sie Ihre Antwort bitte vorsichtig aus und tragen einen neuen Kreis ein.

Sie erhalten zu jedem Aufgabengebiet einen Bearbeitungshinweis. Lesen Sie diese Hinweise bitte gründlich durch, da Sie wichtige Informationen für die Bearbeitung der Aufgaben erhalten. Nutzen Sie außer Bleistift, Radiergummi, Notizpapier und Taschenrechner keine weiteren Hilfsmittel.

Bearbeiten Sie die Fragen schnell und sorgfältig. Halten Sie sich nicht mit Aufgaben auf, die Ihnen schwer fallen. Berücksichtigen sie, dass dieser Test so zusammengestellt ist, dass kaum jemand in der angesetzten Bearbeitungszeit alle Aufgaben richtig lösen kann.

Behalten Sie daher die Ruhe, wenn Sie die eine oder andere Aufgabe aus zeitlichen Gründen nicht lösen können.

# Allgemeinwissen

Verschiedene Themen   ***Bearbeitungszeit 10 Minuten***

Die folgenden Aufgaben prüfen Ihr Allgemeinwissen.
Zu jeder Aufgabe werden verschiedene Lösungsmöglichkeiten angegeben.
Beantworten Sie bitte die folgenden Aufgaben, indem Sie jeweils den richtigen Buchstaben markieren.

1. Auf wessen Vorschlag wird der Bundeskanzler gewählt?
   A. Innenminister
   B. Bundestagspräsident
   C. Bundespräsident
   D. Bundestag
   E. Keine Antwort ist richtig.

2. Wer ist das Staatsoberhaupt der Bundesrepublik Deutschland?
   A. Innenminister
   B. Bundestagspräsident
   C. Bundespräsident
   D. Bundeskanzler
   E. Keine Antwort ist richtig.

3. Wo hat die Deutsche Bundesbank ihren Sitz?
   A. Karlsruhe
   B. Berlin
   C. Frankfurt
   D. Düsseldorf
   E. Keine Antwort ist richtig.

4. Wie heißt der amerikanische Auslandsgeheimdienst?
   A. Dipartimento delle Informazioni per la Sicurezza (DIS)
   B. Federal Bureau of Investigation (FBI)
   C. Secret Intelligence Service (SIS)
   D. Central Intelligence Agency (CIA)
   E. Keine Antwort ist richtig.

5. Eine kurze Erzählung mit belehrender Absicht, in der vor allem Tiere auftreten, bezeichnet man als …?
   A. Gleichnis
   B. Roman
   C. Fabel
   D. Legende
   E. Keine Antwort ist richtig.

6. Wer schrieb den Roman „Farm der Tiere"?
   A. Aldous Huxley
   B. George Orwell
   C. Roald Dahl
   D. Mark Twain
   E. Keine Antwort ist richtig.

7. **Woraus wird Benzin gewonnen?**
    A. Ethanol
    B. Gas
    C. Mineralien
    D. Erdöl
    E. Keine Antwort ist richtig.

8. **Was ist eine Emulsion?**
    A. Eine besonders kratzfeste Beschichtung
    B. Ein ätzendes Reinigungsmittel
    C. Ein Gemisch zweier Flüssigkeiten
    D. Eine explosive Lösung
    E. Keine Antwort ist richtig.

9. **Worauf lassen sich unberechtigte Zugriffe auf Computer häufig zurückführen?**
    A. Auf Cookies
    B. Auf unsichere Passwörter
    C. Auf unstabile Betriebssysteme
    D. Auf überholte Hardware
    E. Keine Antwort ist richtig.

10. **Was wird in der EDV unter „Partition" verstanden?**
    A. Die Vorabversion eines Computerprogramms
    B. Die einzelnen Musiktracks auf einer CD
    C. Die vollständige Löschung der Festplatte
    D. Die Aufteilung eines Speichermediums in mehrere Bereiche
    E. Keine Antwort ist richtig.

Fachbezogenes Wissen

Branche und Beruf *Bearbeitungszeit 10 Minuten*

Mit den folgenden Aufgaben wird Ihr fachbezogenes Wissen geprüft.
Beantworten Sie bitte die folgenden Aufgaben, indem Sie jeweils den richtigen Buchstaben markieren.

11. Wie hoch ist der Umsatzsteuer-Regelsatz in Deutschland?
    - A. 24 %
    - B. 19 %
    - C. 10 %
    - D. 7 %
    - E. Keine Antwort ist richtig.

12. Welcher Einzelhändler bietet eine umfassende Beratung zu einem auf wenige Warengruppen konzentrierten Sortiment?
    - A. Das Warenhaus
    - B. Das Fachgeschäft
    - C. Der Discounter
    - D. Der Versandhändler
    - E. Keine Antwort ist richtig.

13. Wenn eine Ware unmittelbar vom Produzenten an den Endkunden verkauft wird, geschieht das im …?
    - A. Vertreterverkauf.
    - B. Ladenverkauf.
    - C. Direktvertrieb.
    - D. Großhandel.
    - E. Keine Antwort ist richtig.

14. Heutzutage akzeptieren viele Einzelhändler die Zahlung per Kreditkarte. Welche Aussage dazu stimmt nicht?
    - A. Der Bargeldbestand in der Kasse sinkt, das Verlustrisiko wird gemindert.
    - B. Der Händler kann auf eine Umsatzsteigerung durch (u. U. teure) Spontankäufe hoffen.
    - C. Die Kartengesellschaft garantiert die Zahlung, es gibt kein Ausfallrisiko.
    - D. Der Händler muss keinerlei Gebühren zahlen.
    - E. Keine Antwort ist richtig.

15. Ein Kunde kauft zehn Brötchen und muss nur acht davon bezahlen – er erhält demnach …?
    - A. ein Skonto.
    - B. einen Naturalrabatt.
    - C. einen Güterbonus.
    - D. einen Aktionsrabatt.
    - E. Keine Antwort ist richtig.

16. Wo in einem Geschäft finden sich Zigaretten, Kaugummis und Süßigkeiten in der Regel?
    - A. Unmittelbar an der Kasse
    - B. Unmittelbar am Eingang
    - C. An der hinteren Wand des Geschäfts
    - D. In einem Mittelgang
    - E. Keine Antwort ist richtig.

17. Welches ist eine Naturfaser?
    A. Lycra
    B. Seide
    C. Elastan
    D. Polyamid
    E. Keine Antwort ist richtig.

18. „Komplementärgüter" nennt man Güter, die oft zusammen nachgefragt werden. Nennen Sie ein Beispiel.
    A. Taschen und Uhren
    B. Schuhe und Zahncreme
    C. Drucker und Tintenpatronen
    D. Handys und Laptops
    E. Keine Antwort ist richtig.

19. Hat ein Geschäft Elektronikartikel, Lebensmittel, Textilien und Haushaltswaren im Angebot, dann ist das Sortiment relativ …?
    A. breit.
    B. tief.
    C. flach.
    D. hoch.
    E. Keine Antwort ist richtig.

20. Was besagt das Mindesthaltbarkeitsdatum von Lebensmitteln?
    A. Bis wann das Produkt bei sachgemäßer Aufbewahrung verzehrt worden sein muss
    B. Bis wann das Produkt bei sachgemäßer Aufbewahrung verkauft werden darf
    C. Bis wann das Produkt bei sachgemäßer Aufbewahrung bedenkenlos verzehrt werden kann
    D. Ab wann das Produkt nur noch industriell verwertet werden darf
    E. Keine Antwort ist richtig.

Fachbezogenes Wissen

Verkaufsfördernde Präsentation *Bearbeitungszeit 5 Minuten*

Mit den folgenden Aufgaben wird Ihr fachbezogenes Wissen geprüft.

Welche Ziele verfolgt man durch die verkaufsfördernde Präsentation der Ware?
Kreuzen Sie „Ja" an, wenn das aufgeführte Ziel durch eine verkaufsfördernde Präsentation der Ware erreicht werden soll.
Kreuzen Sie „Nein" an, wenn das aufgeführte Ziel durch eine verkaufsfördernde Präsentation der Ware nicht erreicht werden soll.

21. Durch die verkaufsfördernde Präsentation der Ware soll eine angenehme Kaufatmosphäre für den Kunden entstehen.
    - [ ] Ja
    - [ ] Nein

22. Der Kunde soll mit dieser Präsentationsform getäuscht werden.
    - [ ] Ja
    - [ ] Nein

23. Der Bekanntheitsgrad der Ware soll gesteigert werden.
    - [ ] Ja
    - [ ] Nein

24. Der Kunde soll zum Kauf animiert werden.
    - [ ] Ja
    - [ ] Nein

25. Fehlerhafte Ware soll durch die Präsentationsform vertuscht werden, um Kunden an sich zu binden.
    - [ ] Ja
    - [ ] Nein

Sprachbeherrschung

Rechtschreibung Lückentext   **Bearbeitungszeit 10 Minuten**

Bei den nächsten Aufgaben geht es darum, das Wort mit der richtigen Schreibweise zu erkennen, welches die Lücke sinnvoll ergänzt.

Beantworten Sie bitte die folgenden Aufgaben, indem Sie jeweils den richtigen Buchstaben markieren.

26. Die Techniken der _____ sollen das Bewusstsein erweitern.
    A. Medidation
    B. Meditation
    C. Mediation
    D. Medikation
    E. Keine Antwort ist richtig.

27. Mit diesem _____ hast du nirgendwo eine Chance!
    A. Zeugniß
    B. Zeugnisses
    C. Zeugnissen
    D. Zeugnis
    E. Keine Antwort ist richtig.

28. Es empfiehlt sich, dem Gastgeber ein kleines _____ zu überreichen.
    A. Präsent
    B. Präsents
    C. Präsente
    D. Präsenten
    E. Keine Antwort ist richtig.

29. Zum Glück war er _____ genug, um die Chance sofort zu nutzen.
    A. geistesgegenwertig
    B. geistesgegenwärtig
    C. geistesgegenwärtige
    D. geistesgegenwärtiger
    E. Keine Antwort ist richtig.

30. Unser Nachbar ist wirklich ein sehr _____ Mensch.
    A. kolerisch
    B. chollerischer
    C. cholerischer
    D. kolerische
    E. Keine Antwort ist richtig.

31. Häufig fließen neben der Kirchensteuer auch staatliche _____ an die Kirche.
    A. Unterstützung
    B. Hilfe
    C. Subvention
    D. Subventionen
    E. Keine Antwort ist richtig.

32. Alle Staaten der Europäischen Union sollten die Anwendung des Grundsatzes des gleichen _____ für Frauen und Männer bei gleicher oder gleichwertiger Arbeit sicherstellen.
    A. Entgelte
    B. Entgelt's
    C. Entgelds
    D. Entgelts
    E. Keine Antwort ist richtig.

33. In der Bundesrepublik Deutschland erhält jeder Student mit der Zulassung zum Studium eine persönliche _____.
    A. Prüfungsnummern
    B. Belegnummer
    C. Immatrikulationsnummern
    D. Immatrikulationsnummer
    E. Keine Antwort ist richtig.

34. Nach dem Anfangsgespräch beginnt die eigentliche _____ Untersuchung.
    A. gynäkologischer
    B. gynäkologischen
    C. gynäkologische
    D. gynekologische
    E. Keine Antwort ist richtig.

35. Für viele Wissenschaftler, Wissenschaftstheoretiker und _____ ist praktische Verwertbarkeit elementarer Zweck der Wissenschaft.
    A. Philosoph
    B. Philosoph's
    C. Philosophen
    D. Theologen
    E. Keine Antwort ist richtig.

Sprachbeherrschung

Gegenteilige Begriffe *Bearbeitungszeit 5 Minuten*

Ordnen Sie den Begriffen die gegenteilige Bedeutung zu, indem Sie die entsprechenden Antwortbuchstaben in die Kästchen eintragen.

Begriffe	A–E	Gegenteilige Begriffe
36. immer		A. leeren
37. multiplizieren		B. erzählen
38. jeder		C. nie
39. schweigen		D. niemand
40. füllen		E. dividieren

Sprachbeherrschung

Fremdwörter *Bearbeitungszeit 5 Minuten*

Ordnen Sie den Fremdwörtern die richtige Bedeutung zu, indem Sie die entsprechenden Antwortbuchstaben in die Kästchen eintragen.

Fremdwort	A–E	Bedeutung
41. kurios	☐	A. Nationalist
42. Chauvinist	☐	B. ursächlich
43. redundant	☐	C. voneinander abhängig
44. interdependent	☐	D. überflüssig
45. kausal	☐	E. merkwürdig

Sprachbeherrschung

Richtige Schreibweise

Bearbeitungszeit 10 Minuten

Im Folgenden geht es darum, für die angegebenen Wörter die richtigen Schreibweisen zu bestimmen.
Schreiben Sie bitte zu jedem Wort die richtige Schreibweise in das leere Kästchen, falls das vorgegebene Wort falsch geschrieben ist.

Wort	Richtige Schreibweise	Wort	Richtige Schreibweise
46. Democratie		51. Schiffahrt	
47. Lokomotieve		52. Sekreteriat	
48. efektiv		53. Atheist	
49. Kulans		54. seid Stunden	
50. Tip		55. Thymian	

Mathematik

Prozentrechnen — *Bearbeitungszeit 5 Minuten*

Bei der Prozentrechnung gibt es drei Größen, die zu beachten sind, den Prozentsatz, den Prozentwert und den Grundwert. Zwei dieser Größen müssen gegeben sein, um die dritte Größe berechnen zu können.

Beantworten Sie bitte die folgenden Aufgaben, indem Sie jeweils den richtigen Buchstaben markieren.

56. Herr Mayer möchte eine Maschine für 16.000 € erwerben. Wie viel Euro würde Herr Mayer bei einem Rabatt von 15 Prozent sparen?
    A. 2.440 €
    B. 2.250 €
    C. 2.400 €
    D. 2.450 €
    E. Keine Antwort ist richtig.

57. Bei der Betriebsratswahl der Max Mayer Einzelhandelsgesellschaft sind von 100 Beschäftigten 75 Prozent wahlberechtigt. Wie viele Beschäftigte dürfen wählen?
    A. 60 Beschäftigte
    B. 70 Beschäftigte
    C. 75 Beschäftigte
    D. 85 Beschäftigte
    E. Keine Antwort ist richtig.

58. Nach Abzug von 20 Prozent Rabatt zahlt ein Kunde nur noch 2.400 €. Wie viel Euro hätte er ohne einen Rabattabzug zahlen müssen?
    A. 2.500 €
    B. 2.600 €
    C. 2.700 €
    D. 3.000 €
    E. Keine Antwort ist richtig.

59. Herr Müller erhält nach einer Tariferhöhung von fünf Prozent einen Mehrbetrag von 175 €. Wie hoch war das Gehalt vor der Tariferhöhung?
    A. 3.000 €
    B. 3.500 €
    C. 4.000 €
    D. 4.500 €
    E. Keine Antwort ist richtig.

60. Herr Mayer bietet sein altes Fahrzeug für 14.000 € an. Als er bemerkt, dass der Preis zu niedrig ist, erhöht er diesen um 10 Prozent. Anschließend erhöht er den Preis nochmals um 5 Prozent, da die Nachfrage nach diesem Modell sehr groß ist. Welchen Betrag verlangt Herr Müller nun?
    A. 15.170 €
    B. 16.170 €
    C. 17.270 €
    D. 18.620 €
    E. Keine Antwort ist richtig.

Mathematik

Dreisatz

Bearbeitungszeit 5 Minuten

Beantworten Sie bitte die folgenden Aufgaben, indem Sie jeweils den richtigen Buchstaben markieren.

61. Für die Kundschaft liegen Überweisungsvordrucke aus. Bei einem täglichen Verbrauch von 200 Vordrucken reicht der Vorrat für 20 Tage. Wie viele Tage würde der Vorrat reichen, wenn der tägliche Verbrauch auf 400 Exemplare steigen würde?
    A. 5 Tage
    B. 10 Tage
    C. 15 Tage
    D. 20 Tage
    E. Keine Antwort ist richtig.

62. In einer Goldmine werden aus einer Tonne Erz acht Gramm Gold gewonnen. Wie viele Tonnen Erz werden für fünf kg Gold benötigt?
    A. 500 t
    B. 550 t
    C. 600 t
    D. 625 t
    E. Keine Antwort ist richtig.

63. Für ein Gespräch von 4 Minuten werden 3,60 € bezahlt. Wie teuer wäre ein Gespräch von 9 Minuten?
    A. 6,00 €
    B. 6,40 €
    C. 7,60 €
    D. 8,10 €
    E. Keine Antwort ist richtig.

64. Für das Abladen eines Sattelzuges setzt Herr Mayer gewöhnlich acht Arbeiter gleichzeitig ein, die sechs Stunden benötigen. Wegen eines Engpasses kann Herr Mayer dieses Mal nur sechs Arbeiter für das Abladen einsetzen. Wie viele Stunden benötigen sechs Arbeiter für die gleiche Arbeit?
    A. 8
    B. 10
    C. 12
    D. 14
    E. Keine Antwort ist richtig.

65. Ein Kundenauftrag erfordert unter dem Einsatz von zehn Mitarbeitern 20 Arbeitstage. Wie lange dauert die Fertigstellung des Auftrages, wenn zwei Mitarbeiter krankheitsbedingt ausfallen?
    A. 21 Tage
    B. 22 Tage
    C. 23 Tage
    D. 25 Tage
    E. Keine Antwort ist richtig.

Mathematik

Gemischte Textaufgaben *Bearbeitungszeit 5 Minuten*

Herr Mayer erhält nach seinem Einkauf den unten aufgeführten Kassenbon.
Beantworten Sie bitte die folgenden Aufgaben, indem Sie jeweils den richtigen Buchstaben markieren.

```
                    minuscule markt
          Unendlichkeitsschleife 1 - 24217 Kalifornien
                   Telefon 04021-1234567

   3×1,19    H-Milch 3,5%                  4,57   E
   4×1,99    Taschenbuch Reduz.            7,96   E
   2×7,99    Ki-Pullover                  15,29   V
   2×2,19    Schokolade Exquisit           4,28   E
             10,00 EUR/kg
   600g      Kirschen Span. Kl.1           4,20   E
             4,00 EUR/kg
   700g      Aprikosen Deut. Kl.1          2,69   E
             2,40 EUR/kg
   800g      Strauchtomaten Span. Kl.1     1,72   E
             SUMME           EUR
```

66. Wie viel Euro kosten 600 Gramm spanische Kirschen?

    A. 4,20 €
    B. 5,20 €
    C. 6,00 €
    D. 6,50 €
    E. Keine Antwort ist richtig.

67. Wie viel Euro würde Herr Mayer für 1,5 kg Strauchtomaten zahlen?

    A. 3,20 €
    B. 3,36 €
    C. 3,40 €
    D. 3,60 €
    E. Keine Antwort ist richtig.

68. Wie viel müsste Herr Mayer bei richtiger Rechnung für die Molkereiprodukte zahlen?

    A. 3,57 €
    B. 4,57 €
    C. 5,40 €
    D. 5,60 €
    E. Keine Antwort ist richtig.

69. Wie viel Euro hat Herr Mayer laut Kassenbon für das Obst bezahlt?

    A. 3,57 €
    B. 4,57 €
    C. 6,89 €
    D. 5,60 €
    E. Keine Antwort ist richtig.

70. Wie viel hat Herr Mayer durch die falsche Rechnung gespart?

    A. 1,79 €
    B. 2,69 €
    C. 1,89 €
    D. 0,68 €
    E. Keine Antwort ist richtig.

Logisches Denkvermögen

Zahlenreihen fortsetzen   *Bearbeitungszeit 10 Minuten*

Im nächsten Abschnitt haben Sie Zahlenfolgen, die nach festen Regeln aufgestellt sind.
Bitte markieren Sie den zugehörigen Buchstaben der Zahl, von der Sie denken, dass sie die Reihe am sinnvollsten ergänzt.

71.

| 42 | 38 | 40 | 38 | 38 | 38 | ? |

- A. 30
- B. 38
- C. 42
- D. 36
- E. Keine Antwort ist richtig.

72.

| 6 | 18 | 19 | 57 | 58 | ? |

- A. 59
- B. 174
- C. 196
- D. 278
- E. Keine Antwort ist richtig.

73.

| 4 | 7 | 12 | 19 | ? |

- A. 26
- B. 27
- C. 28
- D. 32
- E. Keine Antwort ist richtig.

74.

| 10 | 16 | 21 | 25 | 28 | ? |

- A. 29
- B. 31
- C. 36
- D. 30
- E. Keine Antwort ist richtig.

75.

| 3 | 4 | 6 | 10 | 18 | ? |

- A. 26
- B. 34
- C. 22
- D. 20
- E. Keine Antwort ist richtig.

76.

| 4 | 8 | 14 | 18 | 24 | ? |

- A. 30
- B. 26
- C. 28
- D. 32
- E. Keine Antwort ist richtig.

77.

| 40 | 45 | 41 | 45 | 42 | 45 | ? |

- A. 32
- B. 48
- C. 43
- D. 23
- E. Keine Antwort ist richtig.

78.

| 30 | 6 | 24 | 8 | ? |

- A. 16
- B. 2
- C. 10
- D. 18
- E. Keine Antwort ist richtig.

79.

| 2 | 3 | 5 | 7 | ? |

- A. 10
- B. 11
- C. 12
- D. 13
- E. Keine Antwort ist richtig.

80.

| 1 | 2 | −2 | −12 | −20 | ? |

- A. −200
- B. −220
- C. −40
- D. 200
- E. Keine Antwort ist richtig.

Logisches Denkvermögen

Buchstabenreihen fortsetzen   **Bearbeitungszeit 10 Minuten**

In diesem Abschnitt haben Sie Buchstabenfolgen, die nach festen Regeln aufgestellt sind.

Ihre Aufgabe besteht darin, für jede Buchstabenreihe die Regel herauszufinden, um den unbekannten Buchstaben am Ende der Reihe zu ermitteln.

81.

| B | X | C | Y | D | ? |

- A. E
- B. F
- C. V
- D. Z
- E. Keine Antwort ist richtig.

82.

| A | Z | B | Y | C | ? |

- A. D
- B. X
- C. F
- D. W
- E. Keine Antwort ist richtig.

83.

| K | K | L | M | M | N | O | ? |

- A. P
- B. O
- C. Q
- D. J
- E. Keine Antwort ist richtig.

84.

| C | F | I | L | O | ? |

- A. N
- B. M
- C. Q
- D. R
- E. Keine Antwort ist richtig.

85.

| P | Q | P | R | P | ? |

- A. P
- B. T
- C. S
- D. Z
- E. Keine Antwort ist richtig.

86.

| E | F | C | D | I | J | G | ? |

- A. C
- B. D
- C. E
- D. H
- E. Keine Antwort ist richtig.

87.

| F | E | D | I | H | G | L | K | J | ? |

- A. M
- B. N
- C. O
- D. P
- E. Keine Antwort ist richtig.

88.

| C | D | X | W | E | F | V | U | G | ? |

- A. H
- B. S
- C. T
- D. G
- E. Keine Antwort ist richtig.

89.

| T | P | K | E | F | B | W | Q | ? |

- A. M
- B. L
- C. K
- D. R
- E. Keine Antwort ist richtig.

90.

| K | H | E | K | H | E | ? |

- A. F
- B. H
- C. E
- D. K
- E. Keine Antwort ist richtig.

Logisches Denkvermögen

Sprachlogik: Analogien *Aufgabenerklärung*

In diesem Abschnitt wird Ihre Fähigkeit zu logischem Denken im sprachlichen Bereich geprüft.

Pro Aufgabe werden Ihnen zwei Wörter vorgegeben, die in einer bestimmten Beziehung zueinander stehen. Eine ähnliche Beziehung besteht zwischen einem dritten und vierten Wort. Das dritte Wort wird Ihnen vorgegeben, das vierte sollen Sie in den Antworten A bis E selbst ermitteln.

Hierzu ein Beispiel

Aufgabe

1. dick : dünn   wie   lang : ?
    A. hell
    B. dunkel
    C. schmal
    D. kurz
    E. schlank

Antwort

   (D.) kurz

Gesucht wird also ein Begriff, zu dem sich „lang" genauso verhält wie „dick" zu „dünn". Da „dick" das Gegenteil von „dünn" ist, muss ein Begriff gefunden werden, zu dem „lang" das Gegenteil ist. Von den Wahlwörtern kommt somit nur „kurz" infrage; Lösungsbuchstabe ist daher das D.

Sprachlogik: Analogien

Bearbeitungszeit 10 Minuten

Beantworten Sie bitte die folgenden Aufgaben, indem Sie jeweils den richtigen Buchstaben markieren.

91. Deutschland : Bundespräsident wie England : ?
    A. Kanzler
    B. Königin
    C. Minister
    D. Parlament
    E. Kammer

92. Mehl : Teig wie Traube : ?
    A. Bier
    B. Limonade
    C. Whisky
    D. Wein
    E. Rebstock

93. Motor : Auto wie Triebwerk : ?
    A. Motorrad
    B. Flugzeug
    C. Motorboot
    D. Schiff
    E. Rennwagen

94. Brücke : Fluss wie Tunnel : ?
    A. Zugspitze
    B. Alpen
    C. Tal
    D. Berg
    E. Eisenbahn

95. Zweig : Baum wie Arm : ?
    A. Europäer
    B. Fisch
    C. Busch
    D. Maus
    E. Mensch

96. Teppich : Fußboden wie Kronleuchter : ?
    A. Keller
    B. Zimmerdecke
    C. Dach
    D. Küche
    E. Glühbirne

97. Obst : Gemüse wie Birne : ?
    A. Apfel
    B. Pfirsich
    C. Ananas
    D. Mango
    E. Kartoffel

98. erinnern : vergessen wie finden : ?
    A. schweigen
    B. vergessen
    C. behalten
    D. entdecken
    E. verlieren

99. Kontinent : Afrika wie Ozean : ?
    A. Pazifik
    B. Plattensee
    C. Mississippi
    D. Schwarzes Meer
    E. Totes Meer

100. Komponist : Noten wie Schriftsteller : ?
    A. Skript
    B. Reportage
    C. Buch
    D. Nachricht
    E. Wörter

Ausbildungspark Verlag

Lübecker Straße 4 • 63073 Offenbach
Tel. 069-40 56 49 73 • Fax 069-43 05 86 02
Netzseite: www.ausbildungspark.com
E-Post: kontakt@ausbildungspark.com

Copyright © 2012 Ausbildungspark Verlag – Gültekin & Mery GbR.

Alle Rechte liegen beim Verlag.

Das Werk, einschließlich aller seiner Teile, ist urheberrechtlich geschützt. Jede Verwertung außerhalb der engen Grenzen des Urheberrechtsgesetzes ist ohne Zustimmung des Verlages unzulässig und strafbar. Das gilt insbesondere für Vervielfältigungen, Übersetzungen, Mikroverfilmungen und die Einspeicherung und Verarbeitung in elektronischen Systemen.

Eignungstest

Prüfung

3

Kaufmann/-frau
im Groß- und Außenhandel

Kurt Guth / Marcus Mery
Der Einstellungstest / Eignungstest zur Ausbildung zum Kaufmann im Einzelhandel, Verkäufer, Kaufmann im Groß- und Außenhandel, Fachverkäufer Lebensmittelhandwerk, Handelsassistent und Handelsfachwirt
Geeignet für alle Berufe im Handel und Verkauf

Ausgabe 2012

1. Auflage

Herausgeber: Ausbildungspark Verlag,
Gültekin & Mery GbR, Offenbach, 2012

Das Autorenteam dankt Andreas Mohr
für die Unterstützung.

Umschlaggestaltung: SB Design, bitpublishing

Bildnachweis: Archiv des Verlages
Illustrationen: bitpublishing
Grafiken: bitpublishing, SB Design
Lektorat: Virginia Kretzer

Beiwerk:

Eignungstest
Prüfung 3 • Kaufmann/-frau im Groß- und Außenhandel

Bibliografische Information der Deutschen Nationalbibliothek –
Die Deutsche Nationalbibliothek verzeichnet diese Publikation in der Deutschen Nationalbibliografie; detaillierte bibliografische Daten sind im Internet über http://dnb.d-nb.de abrufbar.

Gedruckt auf chlorfrei gebleichtem Papier

© 2012 Ausbildungspark Verlag
Lübecker Straße 4, 63073 Offenbach
Printed in Germany

Satz: bitpublishing, Schwalbach
Druck: Ausbildungspark Verlag, Offenbach

ISBN 978-3-941356-01-6

Das Werk, einschließlich aller seiner Teile, ist urheberrechtlich geschützt. Jede Verwertung außerhalb der engen Grenzen des Urheberrechtsgesetzes ist ohne Zustimmung des Verlages unzulässig und strafbar. Das gilt insbesondere für Vervielfältigungen, Übersetzungen, Mikroverfilmungen und die Einspeicherung und Verarbeitung in elektronischen Systemen.

Prüfung 3 • Kaufmann/-frau im Groß- und Außenhandel

**Prüfungsfragen zum schriftlichen Eignungstest zur
Ausbildung im Handel und Verkauf**

Bearbeitungszeit: 115 Minuten

Hilfsmittel: Bleistift, Radiergummi, Schmierpapier, Taschenrechner

Wichtige Hinweise zur richtigen Bearbeitung des Eignungstests

Dieser Test beinhaltet mehrere Aufgabengebiete. Für die Einführung durch den Prüfer, die Bearbeitung und eine kurze Pause benötigen Sie ca. 115 Minuten.

Die Aufgabenbereiche sind i. d. R. so aufgebaut, dass innerhalb eines Aufgabenbereiches die einfachen Fragen am Anfang stehen und die schwereren Fragen am Ende.

Sie haben für jedes Aufgabengebiet eine feste Zeitvorgabe zur Bearbeitung. Die entsprechenden Zeitvorgaben werden Ihnen in den einzelnen Abschnitten mitgeteilt. Der Prüfer wird Sie durch die Prüfung führen, Ihnen die Zeiten vorgeben und Ihnen ein Zeichen geben, wenn Sie zum nächsten Aufgabengebiet weiterblättern sollen.

Wenn Sie die Aufgaben vor Ablauf der vorgegebenen Zeit gelöst haben, dann dürfen Sie innerhalb einer Aufgabengruppe zurückblättern, um ihre Lösungen noch einmal zu überprüfen. Beachten Sie bitte, dass das Umblättern zu einer anderen Aufgabengruppe streng untersagt ist!

Markieren Sie bitte bei jeder Aufgabe einen Lösungsbuchstaben mit Bleistift. Beachten Sie, dass innerhalb einer Aufgabe nur ein Lösungsvorschlag richtig ist. Markieren Sie daher bei jeder Aufgabe nur einen Lösungsvorschlag, ansonsten wird die Antwort als falsch gewertet.

Hierzu ein Beispiel:

Aufgabe

1. Wie viel ergibt 4 × 3?
   - A. 12
   - B. 17
   - C. 19
   - D. 10
   - E. Keine Antwort ist richtig.

Antwort

(A.) 12

Für den Fall, dass Sie eine Antwort versehentlich falsch markiert haben, radieren Sie Ihre Antwort bitte vorsichtig aus und tragen einen neuen Kreis ein.

Sie erhalten zu jedem Aufgabengebiet einen Bearbeitungshinweis. Lesen Sie diese Hinweise bitte gründlich durch, da Sie wichtige Informationen für die Bearbeitung der Aufgaben erhalten. Nutzen Sie außer Bleistift, Radiergummi, Notizpapier und Taschenrechner keine weiteren Hilfsmittel.

Bearbeiten Sie die Fragen schnell und sorgfältig. Halten Sie sich nicht mit Aufgaben auf, die Ihnen schwer fallen. Berücksichtigen sie, dass dieser Test so zusammengestellt ist, dass kaum jemand in der angesetzten Bearbeitungszeit alle Aufgaben richtig lösen kann.

Behalten Sie daher die Ruhe, wenn Sie die eine oder andere Aufgabe aus zeitlichen Gründen nicht lösen können.

Allgemeinwissen

Verschiedene Themen
Bearbeitungszeit 10 Minuten

Die folgenden Aufgaben prüfen Ihr Allgemeinwissen.

Zu jeder Aufgabe werden verschiedene Lösungsmöglichkeiten angegeben.

Beantworten Sie bitte die folgenden Aufgaben, indem Sie jeweils den richtigen Buchstaben markieren.

1. Wie ist die Bundesversammlung zusammengesetzt?
    A. Ausschließlich aus Mitgliedern des Bundestages
    B. Ausschließlich aus Vertretern der Länder
    C. Aus Mitgliedern des Bundestages und Vertretern der Länder
    D. Ausschließlich aus Politikern
    E. Keine Antwort ist richtig.

2. In welcher Stadt befindet sich das Europäische Parlament?
    A. Straßburg
    B. Brüssel
    C. Kopenhagen
    D. Luxemburg
    E. Keine Antwort ist richtig.

3. Mit dem Begriff „Sirtaki" meint man …?
    A. ein kroatisches Fleischgericht.
    B. ein albanisches Heldenepos.
    C. einen griechischen Volkstanz.
    D. einen türkischen Wechselgesang.
    E. Keine Antwort ist richtig.

4. In der Ökumene suchen …?
    A. Zentralbanken die internationale Kooperation.
    B. verschiedene Religionsgemeinschaften den Dialog.
    C. Bauern gemeinsame Bewirtschaftungsformen.
    D. Araber nach Erdöl.
    E. Keine Antwort ist richtig.

5. Was ist charakteristisch für eine wirtschaftliche Depression?
    A. Hochkonjunktur
    B. Aufschwungphasen im Konjunkturzyklus
    C. Wirtschaftliche Tiefphase
    D. Abschwungphasen im Konjunkturzyklus
    E. Keine Antwort ist richtig.

6. Welche Aussage zum Kundendienst ist richtig?
    A. Ein echter Kundendienst ist für den Kunden immer kostenlos.
    B. Der Kundendienst ist dazu verpflichtet, alle technischen Geräte des Kunden zu reparieren.
    C. Die Aufgabe des Kundendienstes besteht in erster Linie darin, dem Kunden weitere Artikel zu verkaufen, um den Umsatz zu erhöhen.
    D. Der Kundendienst ist eine Zusatzleistung und dient sowohl dem Image des Unternehmens als auch der Kundenbindung.
    E. Keine Antwort ist richtig.

7. **Welcher besonders lange Fluss fließt durch Dresden?**
   A. Donau
   B. Elbe
   C. Main
   D. Rhein
   E. Keine Antwort ist richtig.

8. **Wie lautet die Landeskennzahl von Deutschland?**
   A. 39
   B. 0033
   C. 49
   D. 0041
   E. Keine Antwort ist richtig.

9. **Welches ist die Währung der Schweiz?**
   A. Euro
   B. Schilling
   C. Franken
   D. Krone
   E. Keine Antwort ist richtig.

10. **Wie heißt die Hauptstadt der Türkei?**
    A. Istanbul
    B. Bursa
    C. Ankara
    D. Izmir
    E. Keine Antwort ist richtig.

Fachbezogenes Wissen

Branche und Beruf *Bearbeitungszeit 10 Minuten*

Mit den folgenden Aufgaben wird Ihr fachbezogenes Wissen geprüft.
Beantworten Sie bitte die folgenden Aufgaben, indem Sie jeweils den richtigen Buchstaben markieren.

11. Wenn ein Lebensmittel-Großhändler Reinigungsmittel, Zeitungen, Blumen und Haushaltswaren anbietet, dann umfasst seine Produktpalette auch welches Teilsortiment?
    A. Food
    B. Non-Food
    C. Beverages & More
    D. Dies & Das
    E. Keine Antwort ist richtig.

12. Bei einer Lieferung frei Haus …?
    A. zahlt der Verkäufer die Versandkosten.
    B. erhält der Kunde die Ware unverbindlich zur Ansicht.
    C. wird die Ware unverpackt verschickt.
    D. zahlt der Käufer die Transportgebühr.
    E. Keine Antwort ist richtig.

13. Ein Gastronomie-Großhändler hat sich auf die italienische Küche spezialisiert. Was sollte sich in seinem Sortiment daher nicht finden?
    A. Antipasti
    B. Mozzarella
    C. Feta
    D. Chianti
    E. Keine Antwort ist richtig.

14. Was ist seit der Verwirklichung des EU-Binnenmarkts im grenzüberschreitenden Handel der EU-Mitgliedstaaten verboten?
    A. Warentransport per Flugzeug
    B. Einfuhr von Produkten aus Nicht-EU-Staaten
    C. Nationale Herkunftsangaben auf Handelswaren
    D. Erhebung von Ein- oder Ausfuhrzöllen
    E. Keine Antwort ist richtig.

15. Wann zählt ein Unternehmen zum Großhandel?
    A. Wenn es mehr als 1.000 Menschen beschäftigt
    B. Wenn es als Zwischenhändler zwischen Produzent und Einzelhandel fungiert
    C. Wenn sein Jahresumsatz über 100 Millionen Euro liegt
    D. Wenn es besonders viele unterschiedliche Waren im Angebot hat
    E. Keine Antwort ist richtig.

16. Bei welcher Großhandels-Betriebsform übernimmt der Kunde die Zusammenstellung und den Transport der Ware?
    A. Zustellgroßhandel
    B. Cash-and-Carry-Großhandel
    C. Abholgroßhandel
    D. Versandgroßhandel
    E. Keine Antwort ist richtig.

17. Was meint man im Außenhandel mit dem Begriff „Hermes"?
    A. Eine Versicherung gegen Zahlungsausfälle
    B. Die griechische Zentralbank
    C. Den Expressversand
    D. Den Transport per Luftfracht
    E. Keine Antwort ist richtig.

18. Schreibwaren – Schulhefte – DIN A4-Rechenheft, kariert mit Rand, 16 Blatt. Welche Reihenfolge liegt vor?
    A. Sortiment – Artikel – Warengruppe
    B. Artikel – Sorte – Warengruppe
    C. Warengruppe – Artikel – Sorte
    D. Sortiment – Artikel – Ware
    E. Keine Antwort ist richtig.

19. Im Außenhandel kann ein Unternehmen verschiedenen ökonomischen und politischen Risiken ausgesetzt sein. Welches ist ein politisches Risiko?
    A. Kursrisiko
    B. Standortrisiko
    C. Transportrisiko
    D. Beschlagnahmerisiko
    E. Keine Antwort ist richtig.

20. Ein Großhändler verkauft Bananenkisten „brutto für netto". Was bedeutet das?
    A. Die Mehrwertsteuer entfällt.
    B. Die Kiste wird wie Ware behandelt, ihr Gewicht zum Warengewicht hinzugerechnet.
    C. Der Transport ist kostenlos.
    D. Die Kiste bleibt im Eigentum des Händlers.
    E. Keine Antwort ist richtig.

Fachbezogenes Wissen

Verkaufsfördernde Maßnahme *Bearbeitungszeit 5 Minuten*

Mit den folgenden Aufgaben wird Ihr fachbezogenes Wissen geprüft.

Mit verkaufsfördernden Maßnahmen – den sogenannten „Promotions" – werden bestimmte Ziele verfolgt. Welche der unten aufgeführten Ziele gehören dazu?
Kreuzen Sie „Ja" an, wenn ein Ziel durch eine Promotion erreicht werden soll.
Kreuzen Sie „Nein" an, wenn ein Ziel durch eine Promotion nicht erreicht werden soll.

21. Promotions dienen dazu, sich von der Konkurrenz abzuheben.
    ☐ Ja
    ☐ Nein

22. Promotions dienen dazu, Diebe abzuschrecken.
    ☐ Ja
    ☐ Nein

23. Promotions dienen dazu, die Kompetenz im Sortiment zu vermitteln.
    ☐ Ja
    ☐ Nein

24. Promotions dienen dazu, Werbegeschenke für die Mitarbeiter zu erzielen.
    ☐ Ja
    ☐ Nein

25. Promotions dienen der kooperativen Zusammenarbeit von Industrie und Handel.
    ☐ Ja
    ☐ Nein

Sprachbeherrschung

Rechtschreibung *Bearbeitungszeit 10 Minuten*

Im nächsten Abschnitt werden Ihre Rechtschreibkenntnisse geprüft.
Wählen Sie bei jeder Aufgabe die richtige Schreibweise aus und markieren Sie den zugehörigen Buchstaben.

26.
- A. Oblate
- B. Oblatte
- C. Oblat
- D. Oblatt
- E. Keine Antwort ist richtig.

27.
- A. Maschiene
- B. Maschine
- C. Machine
- D. Machiene
- E. Keine Antwort ist richtig.

28.
- A. Publikum
- B. Puplikum
- C. Publikumm
- D. Pupplikum
- E. Keine Antwort ist richtig.

29.
- A. Milliardestel
- B. Milliardstel
- C. Miliardstel
- D. Miliardestel
- E. Keine Antwort ist richtig.

30.
- A. Mikroprozezor
- B. Microprozessor
- C. Mikroprozessor
- D. Mikroprozesor
- E. Keine Antwort ist richtig.

31.
- A. Interrnar
- B. Interrna
- C. Internar
- D. Interna
- E. Keine Antwort ist richtig.

32.
- A. Syntetick
- B. Syntetik
- C. Synthetik
- D. Synthetick
- E. Keine Antwort ist richtig.

33.
- A. Tabelliermaschiene
- B. Tabeliermaschiene
- C. Tabeliermaschine
- D. Tabelliermaschine
- E. Keine Antwort ist richtig.

34.
- A. Szenarieo
- B. Zenario
- C. Senario
- D. Szenario
- E. Keine Antwort ist richtig.

35.
- A. inkommpetent
- B. inkommpetänt
- C. inkompetänt
- D. inkompetent
- E. Keine Antwort ist richtig.

Sprachbeherrschung

Groß- und Kleinschreibung *Bearbeitungszeit 10 Minuten*

Bei den nächsten Aufgaben geht es darum, die richtige Schreibweise in den Texten zu erkennen.
Beantworten Sie bitte die folgenden Aufgaben, indem Sie jeweils den richtigen Buchstaben markieren.

36.
- A. Das Kind hat keine Angst.
- B. Das Kind hat keine angst.
- C. Das Kind hat Keine Angst.
- D. Das Kind hat Keine angst.
- E. Keine Antwort ist richtig.

37.
- A. Die Mannschaft hat ihr Bestes gegeben.
- B. Die Mannschaft hat ihr bestes gegeben.
- C. Die mannschaft hat Ihr Bestes gegeben.
- D. Die mannschaft hat Ihr bestes gegeben.
- E. Keine Antwort ist richtig.

38.
- A. Sie ging als letzte durch das Ziel.
- B. Sie ging als letzte durch das ziel.
- C. Sie ging als Letzte durch das ziel.
- D. Sie ging als Letzte durch das Ziel.
- E. Keine Antwort ist richtig.

39.
- A. Das Singen macht der Gruppe sehr viel Spaß.
- B. Das singen macht der Gruppe sehr viel Spaß.
- C. Das Singen macht der gruppe sehr viel Spaß.
- D. Das Singen macht der gruppe sehr viel spaß.
- E. Keine Antwort ist richtig.

40.
- A. Beim spielen fiel sie auf den Boden.
- B. Beim Spielen fiel sie auf den Boden.
- C. Beim spielen fiel sie auf den boden.
- D. Beim Spielen fiel sie auf den boden.
- E. Keine Antwort ist richtig.

41.
- A. Ludwig der Vierzehnte war ein kluger Mann.
- B. Ludwig der vierzehnte war ein kluger Mann.
- C. Ludwig der vierzehnte war ein Kluger Mann.
- D. Ludwig der Vierzehnte war ein Kluger Mann.
- E. Keine Antwort ist richtig.

42.
- A. Das einzige, was richtig wäre, ist zu schweigen.
- B. Das Einzige, was richtig wäre, ist zu schweigen.
- C. Das einzige, was Richtig wäre, ist zu schweigen.
- D. Das Einzige, was Richtig wäre, ist zu schweigen.
- E. Keine Antwort ist richtig.

43.
- A. Der Frankfurter Sportverein von 1892 ist Stolz auf seine Vergangenheit.
- B. Der frankfurter Sportverein von 1892 ist Stolz auf seine Vergangenheit.
- C. Der frankfurter Sportverein von 1892 ist stolz auf seine Vergangenheit.
- D. Der Frankfurter Sportverein von 1892 ist stolz auf seine Vergangenheit.
- E. Keine Antwort ist richtig.

44.
- A. Es tat ihm aufrichtig leid.
- B. Es tat ihm aufrichtig Leid.
- C. Es tat ihm Aufrichtig leid.
- D. Es tat ihm Aufrichtig Leid.
- E. Keine Antwort ist richtig.

45.
- A. Er mag gerne Rad fahren.
- B. Er mag gerne radfahren.
- C. Er mag gerne rad fahren.
- D. Er mag gerne Radfahren.
- E. Keine Antwort ist richtig.

Sprachbeherrschung

Kommasetzung *Bearbeitungszeit 5 Minuten*

Bei den nächsten Aufgaben geht es darum, die richtige Kommasetzung in den Texten zu erkennen.

Beantworten Sie bitte die folgenden Aufgaben, indem Sie jeweils den Buchstaben des korrekt interpunktierten Satzes markieren.

46.
- A. Obwohl sich der Bewerber gut vorbereitet hatte konnte er eine Frage nicht beantworten.
- B. Obwohl sich der Bewerber gut vorbereitet hatte, konnte er eine Frage nicht beantworten.
- C. Obwohl, sich der Bewerber gut vorbereitet hatte konnte er eine Frage nicht beantworten.
- D. Obwohl, sich der Bewerber gut vorbereitet hatte konnte er eine Frage nicht beantworten.
- E. Keine Antwort ist richtig.

47.
- A. Sicherlich kann nicht immer alles berücksichtigt werden da das Leben sehr komplex ist.
- B. Sicherlich kann nicht immer alles berücksichtigt werden, da das Leben sehr komplex ist.
- C. Sicherlich, kann nicht immer alles berücksichtigt werden da das Leben sehr komplex ist.
- D. Sicherlich, kann nicht immer alles berücksichtigt werden da das Leben sehr komplex ist.
- E. Keine Antwort ist richtig.

48.
- A. Bevor man einen Vertrag unterschreibt sollte, man ihn genau lesen.
- B. Bevor man einen Vertrag unterschreibt sollte man ihn genau lesen.
- C. Bevor man einen Vertrag unterschreibt, sollte man ihn genau lesen.
- D. Bevor man einen Vertrag, unterschreibt sollte man ihn genau lesen.
- E. Keine Antwort ist richtig.

49.
- A. Obwohl sich der Bewerber beeilte, kam er zu spät zur Prüfung.
- B. Obwohl sich der Bewerber beeilte kam er zu spät zur Prüfung.
- C. Obwohl, sich der Bewerber beeilte, kam er zu spät zur Prüfung.
- D. Obwohl, sich der Bewerber beeilte kam er zu spät zur Prüfung.
- E. Keine Antwort ist richtig.

50.
- A. Wenn Sie Interesse an diesem Ausbildungsplatz haben dann setzen Sie sich bitte mit Herrn Mayer in Verbindung.
- B. Wenn Sie Interesse an diesem Ausbildungsplatz haben, dann setzen Sie sich bitte mit Herrn Mayer in Verbindung.
- C. Wenn Sie Interesse an diesem Ausbildungsplatz haben dann setzen Sie, sich bitte mit Herrn Mayer in Verbindung.
- D. Wenn Sie Interesse an diesem Ausbildungsplatz haben, dann setzen Sie sich, bitte mit Herrn Mayer in Verbindung.
- E. Keine Antwort ist richtig.

3. Prüfung Kaufmann/-frau im Groß- und Außenhandel

Sprachbeherrschung

Lückentext Sprichwörter   *Bearbeitungszeit 5 Minuten*

Bei den nächsten Aufgaben geht es darum, Sprichwörter zu vervollständigen.
Beantworten Sie bitte die folgenden Aufgaben, indem Sie jeweils den Antwortbuchstaben des fehlenden Wortes markieren.

51. Es wird nichts so heiß _____, wie es gekocht wird.
    A. genascht
    B. verzehrt
    C. gegessen
    D. verspeist
    E. Keine Antwort ist richtig.

52. Wenn zwei sich streiten, freut sich der _____.
    A. Anwalt
    B. Richter
    C. Dritte
    D. Kläger
    E. Keine Antwort ist richtig.

53. Der _____ macht die Musik.
    A. Sänger
    B. Produzent
    C. Pianist
    D. Ton
    E. Keine Antwort ist richtig.

54. Der Fisch stinkt vom _____ her.
    A. Schwanz
    B. Kopf
    C. Bauch
    D. Brust
    E. Keine Antwort ist richtig.

55. Noch ist _____ nicht verloren.
    A. alles
    B. die Hoffnung
    C. das Geld
    D. Polen
    E. Keine Antwort ist richtig.

Fremdsprachenkenntnisse

Englisch: richtige Schreibweise

Bearbeitungszeit 10 Minuten

Im nächsten Abschnitt werden Ihre Englischkenntnisse geprüft.
Ermitteln Sie bitte bei den Aufgaben jeweils die richtige Schreibweise und markieren Sie den entsprechenden Buchstaben.

56. Wie lautet die englische Schreibweise für den Dienstag?
    A. Tusday
    B. Thuesday
    C. Teusday
    D. Tuesday
    E. Keine Antwort ist richtig.

57. Wie lautet die englische Schreibweise für den Monat Januar?
    A. January
    B. Januar
    C. Januare
    D. Januari
    E. Keine Antwort ist richtig.

58. Wie schreibt sich das englische Wort für „Vorschlag"?
    A. suggestion
    B. sudgestion
    C. sugesstion
    D. suggestien
    E. sutiestion

59. Wie lautet die englische Schreibweise für 23:30 Uhr?
    A. thirty minutes past eleven
    B. tirty minutes past eleven
    C. thirti minutes past eleven
    D. thirteen minutes past ileven
    E. Keine Antwort ist richtig.

60. Wie lautet die englische Schreibweise für 05:04 Uhr?
    A. four (minutes) past five
    B. vour (minutes) past five
    C. four (minutes) to five
    D. four (minutes) past fife
    E. Keine Antwort ist richtig.

61. Wie schreibt sich das englische Wort für „Reise"?
    A. joerney
    B. jurnay
    C. jerney
    D. journey
    E. djurney

62. Wie schreibt sich das englische Wort für „verantwortlich"?
    A. reesponsible
    B. responsibble
    C. responsible
    D. responsibel
    E. responcible

63. Wie lautet die englische Schreibweise für: „Der Apfel fällt nicht weit vom Stamm".
    A. Hi's a chip off the old block.
    B. He's a chip off the old block.
    C. He's a chip of the ald block.
    D. He's a chip off the ald black.
    E. Keine Antwort ist richtig.

64. Wie lautet die englische Schreibweise für: „Kleider machen Leute".
    A. Clothes make the mann.
    B. Clothe makes the man.
    C. Clothes make the man.
    D. Klothes make the man.
    E. Keine Antwort ist richtig.

65. Wie schreibt sich das englische Wort für „Erfahrung"?
    A. experience
    B. expearience
    C. expiriense
    D. experiense
    E. expeerience

3. Prüfung Kaufmann/-frau im Groß- und Außenhandel

Mathematik

Kettenaufgaben ohne Punkt vor Strich *Bearbeitungszeit 5 Minuten*

Bei dieser Aufgabe geht es darum, einfache Rechnungen im Kopf zu lösen.
Bitte benutzen Sie **keinen Taschenrechner, die Punkt- vor Strichrechnung gilt hier nicht!**
Beantworten Sie bitte die folgenden Aufgaben, indem Sie jeweils den richtigen Buchstaben markieren.

66. 57 − 12 ÷ 9 + 12 − 3 ÷ 2 − 3 × 5 + 6 ÷ 2 × 3 − 3 ÷ 6 = ?
    - A. 9
    - B. 11
    - C. 12
    - D. 6
    - E. Keine Antwort ist richtig.

67. 30 ÷ 6 + 23 + 46 − 2 ÷ 8 × 9 + 9 + 909 ÷ 3 = ?
    - A. 46
    - B. 333
    - C. 1.240,67
    - D. 87
    - E. Keine Antwort ist richtig.

68. 27 ÷ 3 + 18 ÷ 3 × 2 + 118 − 30 ÷ 2 + 3 ÷ 7 ÷ 2 + 16 = ?
    - A. 25,5
    - B. 20
    - C. 18
    - D. 15
    - E. Keine Antwort ist richtig.

69. 6 × 5 − 12 ÷ 2 + 27 − 3 ÷ 11 + 5 × 40 ÷ 2 − 50 ÷ 2 = ?
    - A. 55
    - B. 49
    - C. 86
    - D. 99
    - E. Keine Antwort ist richtig.

70. 18 + 7 ÷ 5 × 8 + 12 ÷ 4 + 3 ÷ 4 − 2 × 9 − 10 × 11 = ?
    - A. 110
    - B. 99
    - C. 88
    - D. 121
    - E. Keine Antwort ist richtig.

Mathematik

Maße und Einheiten umrechnen *Bearbeitungszeit 5 Minuten*

Beantworten Sie bitte die folgenden Aufgaben, indem Sie jeweils den richtigen Buchstaben markieren.

71. Wie viele Zentimeter sind 435 Millimeter?
    - A. 4.350
    - B. 0,435
    - C. 217,5
    - D. 43,5
    - E. Keine Antwort ist richtig.

72. Wie viele Kilogramm sind 0,69 Tonnen?
    - A. 6,9
    - B. 690
    - C. 6.900
    - D. 69.000
    - E. Keine Antwort ist richtig.

73. Herr Mayer hat einen kleinen Rest an Dollars aus seinem letzten Urlaub. Er möchte den Betrag von 2.600 Dollar in Euros tauschen. Die Bank bietet ihm einen Rückkaufkurs von 1 € = 1,6 $ an. Wie viel Euro bekommt Herr Mayer von der Bank?
    - A. 1.400 €
    - B. 1.600 €
    - C. 1.625 €
    - D. 1.700 €
    - E. Keine Antwort ist richtig.

74. Wie viele Zentimeter sind 14,3 Kilometer?
    - A. 1.430
    - B. 1,430
    - C. 1.430.000
    - D. 143.000
    - E. Keine Antwort ist richtig.

75. Wie viele Dezimeter sind 38,5 Kubikmillimeter?
    - A. 3,845
    - B. 0,3845
    - C. 0,03845
    - D. 0,003845
    - E. Keine Antwort ist richtig.

Mathematik

Gemischte Textaufgaben

Bearbeitungszeit 5 Minuten

Die Max Müller Automobilindustrie benötigt zur Herstellung von Personenkraftfahrzeugen diverse Teile. Diese werden über den Großhandel bezogen.

Herr Mayer erhält von seinem Lieferanten die folgende Rechnung. Bitte überprüfen Sie die einzelnen Rechnungsbeträge auf ihre Richtigkeit und beantworten Sie die folgenden Aufgaben, indem Sie jeweils den richtigen Buchstaben markieren.

minuscule Großhandel
Unendlichkeitsschleife 1 - 24217 Kalifornien
Telefon 04021-1234567

1.200×42,50 €	Stossdämpfer	51.000 €
1.200×29,99 €	Felgen	35.988 €
300×12,50 €	Ölfilter	3.750 €
300×2,99 €	Luftfilter	4.775 €
1.200×2,41 €	Zündkerzen	4.020 €
600×5,29 €	Scheinwerfer	3.174 €
600×39,50 €	Bremsscheiben	21.330 €
300×39,10 €	Zahnriemenspannung	10.557 €
SUMME	EUR	134.594 €

76. Wie hoch ist der tatsächliche Preis für die Bremsscheiben bei korrekter Rechnung?
    A. 21.500 €
    B. 23.700 €
    C. 23.800 €
    D. 23.950 €
    E. Keine Antwort ist richtig.

77. Wie hoch ist der Gesamtpreis laut Rechnung für die Bremsscheiben und Zahnriemenspanner?
    A. 29.889 €
    B. 30.882 €
    C. 31.887 €
    D. 32.887 €
    E. Keine Antwort ist richtig.

78. Wie hoch ist die Differenz zwischen dem angegebenen Rechnungsbetrag und dem Betrag bei korrekter Rechnung?
    A. 1.430 €
    B. 1.530 €
    C. 1.463 €
    D. 1.650 €
    E. Keine Antwort ist richtig.

79. Wie hoch ist der tatsächliche Preis bei korrekter Rechnung für die Zahnriemenspannung, wenn noch 19 % Mehrwertsteuer dazugerechnet werden müssen?
    A. 11.730 €
    B. 12.561,3 €
    C. 13.958,7 €
    D. 13.999,5 €
    E. Keine Antwort ist richtig.

80. Herr Müller erhält einen Rabatt von acht Prozent auf den Rechnungsbetrag. Wie viel Euro hat Herr Müller insgesamt zu zahlen?
    A. 122.626,45 €
    B. 122.824,15 €
    C. 123.814,77 €
    D. 123.826,48 €
    E. Keine Antwort ist richtig.

Logisches Denkvermögen

Zahlenreihen fortsetzen
Bearbeitungszeit 10 Minuten

Im nächsten Abschnitt haben Sie Zahlenfolgen, die nach festen Regeln aufgestellt sind.
Bitte markieren Sie den zugehörigen Buchstaben der Zahl, von der Sie denken, dass sie die Reihe am sinnvollsten ergänzt.

81.

| 5 | 10 | 8 | 16 | 14 | ? |

- A. 18
- B. 26
- C. 28
- D. 24
- E. Keine Antwort ist richtig.

82.

| 2 | 4 | 6 | 9 | 12 | 16 | ? |

- A. 20
- B. 24
- C. 27
- D. 17
- E. Keine Antwort ist richtig.

83.

| 8 | 4 | 12 | 6 | 18 | ? |

- A. 5
- B. 9
- C. 17
- D. 18
- E. Keine Antwort ist richtig.

84.

| 44 | 40 | 43 | 39 | 42 | ? |

- A. 38
- B. 34
- C. 44
- D. 42
- E. Keine Antwort ist richtig.

85.

| 9 | 27 | 24 | 72 | 69 | 207 | ? |

- A. 144
- B. 132
- C. 138
- D. 204
- E. Keine Antwort ist richtig.

86.

| 144 | 36 | 72 | 18 | 36 | ? |

- A. 42
- B. 56
- C. 54
- D. 9
- E. Keine Antwort ist richtig.

87.

| 4 | 5 | 8 | 10 | 16 | 15 | ? |

- A. 10
- B. 32
- C. 16
- D. 7
- E. Keine Antwort ist richtig.

88.

| 20 | 8 | 15 | 16 | 10 | 24 | ? |

- A. 7
- B. 9
- C. 5
- D. 14
- E. Keine Antwort ist richtig.

89.

| 5 | 7 | 11 | 13 | ? |

- A. 15
- B. 16
- C. 17
- D. 19
- E. Keine Antwort ist richtig.

90.

| 1 | 2 | 6 | 15 | 31 | ? |

- A. 36
- B. 44
- C. 58
- D. 56
- E. Keine Antwort ist richtig.

Logisches Denkvermögen

Sprachlogik: Analogien   ***Aufgabenerklärung***

In diesem Abschnitt wird Ihre Fähigkeit zu logischem Denken im sprachlichen Bereich geprüft.

Pro Aufgabe werden Ihnen zwei Wörter vorgegeben, die in einer bestimmten Beziehung zueinander stehen. Eine ähnliche Beziehung besteht zwischen einem dritten und vierten Wort. Das dritte Wort wird Ihnen vorgegeben, das vierte sollen Sie in den Antworten A bis E selbst ermitteln.

Hierzu ein Beispiel

Aufgabe

1. dick : dünn   wie   lang : ?
    - A. hell
    - B. dunkel
    - C. schmal
    - D. kurz
    - E. schlank

Antwort

(D.) kurz

Gesucht wird also ein Begriff, zu dem sich „lang" genauso verhält wie „dick" zu „dünn". Da „dick" das Gegenteil von „dünn" ist, muss ein Begriff gefunden werden, zu dem „lang" das Gegenteil ist. Von den Wahlwörtern kommt somit nur „kurz" in Frage; Lösungsbuchstabe ist daher das D.

Sprachlogik: Analogien

Bearbeitungszeit 10 Minuten

Beantworten Sie bitte die folgenden Aufgaben, indem Sie jeweils den richtigen Buchstaben markieren.

91. Rind : Kalb wie Schaf : ?
    A. Ziege
    B. Hammel
    C. Bock
    D. Lamm
    E. Eber

92. Flugzeug : Luft wie Schiff : ?
    A. See
    B. Wasser
    C. Meer
    D. Fluss
    E. Vorwärtsgang

93. Maler : Pinsel wie Handwerker : ?
    A. Küche
    B. Baustelle
    C. Rohbau
    D. Bild
    E. Werkzeug

94. Eisen : feilen wie Holz : ?
    A. kleben
    B. leimen
    C. färben
    D. hobeln
    E. behandeln

95. Wein : Riesling wie Käse : ?
    A. Edamer
    B. Fisch
    C. Wurst
    D. Quark
    E. Tofu

96. Auto : Benzin wie Computer : ?
    A. Speicher
    B. Prozessor
    C. Strom
    D. Daten
    E. Tastatur

97. Schweiz : Franken wie Schweden : ?
    A. Norwegen
    B. König
    C. Krone
    D. Rubel
    E. Zepter

98. Werkzeugkasten : Zange wie Schreibtisch : ?
    A. Schraubenzieher
    B. Ordner
    C. Monitor
    D. Kugelschreiber
    E. Radio

99. Verfassung : Artikel wie Koran : ?
    A. Suren
    B. Vers
    C. Psalm
    D. Lied
    E. Inhalt

100. Rumänien : Bukarest wie Australien : ?
    A. Sydney
    B. Canberra
    C. Melbourne
    D. New Hampshire
    E. Washington

Logisches Denkvermögen

Sprachlogik: Oberbegriff   *Bearbeitungszeit 10 Minuten*

Nun wird die Fähigkeit zu logischem Denken im sprachlichen Bereich getestet.
In jeder der folgenden Aufgaben werden Ihnen zwei Begriffe vorgegeben, zu denen Sie einen gemeinsamen Oberbegriff finden sollen.
Beantworten Sie bitte die folgenden Aufgaben, indem Sie jeweils den richtigen Buchstaben markieren.

101. Hip Hop, Funk
    A. Rap
    B. Musik
    C. Disco
    D. DJ
    E. Keine der obigen Lösungen

102. Katze, Fledermaus
    A. Säugetier
    B. Fisch
    C. Insekt
    D. Reptil
    E. Keine Antwort ist richtig.

103. Bestseller, Roman
    A. Buchhandel
    B. Kiosk
    C. Sachbuch
    D. Bindung
    E. Keine Antwort ist richtig.

104. Beton, Stahl
    A. Baustelle
    B. Reparatur
    C. Lastwagen
    D. Werkzeug
    E. Keine Antwort ist richtig.

105. Anstand, Benehmen
    A. Schule
    B. Lehrer
    C. Strafe
    D. Erziehung
    E. Keine Antwort ist richtig.

106. Strauch, Tulpe
    A. Blumen
    B. Garten
    C. Strauß
    D. Pflanzen
    E. Keine Antwort ist richtig.

107. Leber, Pankreas
    A. Haut
    B. Knochen
    C. Organe
    D. Magen
    E. Keine der obigen Lösungen

108. Fichte, Tanne
    A. Laubbäume
    B. Nadelbäume
    C. Sträucher
    D. Garten
    E. Keine der obigen Lösungen

109. Schildkröte, Schlange
    A. Reptil
    B. Säugetier
    C. Krokodil
    D. Amphibie
    E. Keine der obigen Lösungen

110. gelb, blau
    A. rot
    B. Grundfarbe
    C. Vollfarbe
    D. Komplementärfarben
    E. Keine der obigen Lösungen

Konzentrationsvermögen

Preisgruppenliste *Aufgabenerklärung*

In diesem Abschnitt werden Ihre Schnelligkeit und Genauigkeit geprüft.

Bei jeder Aufgabe erhalten Sie den fünfstelligen Artikel- und den vierstelligen Herstellerschlüssel eines Artikels. Bestimmen Sie bitte anhand dieser Angaben die jeweilige Preisgruppe (1 € bis 5 €).

Hierzu ein Beispiel

Preisgruppenliste nach Artikel und Hersteller

Artikel-schlüssel ▼	Herstellerschlüssel											
	XY11	XY33	XZ11	XZ22	YX11	YX33	YZ22	YZ33	ZX11	ZX22	ZY22	ZY33
XY000	3€	1€	4€	2€	5€	3€	1€	4€	2€	5€	3€	1€
XY001	4€	2€	5€	3€	1€	4€	2€	5€	3€	1€	4€	2€
XY112	5€	3€	1€	4€	2€	5€	3€	1€	4€	2€	5€	3€
XY223	1€	4€	2€	5€	3€	1€	4€	2€	5€	3€	1€	4€
XY334	2€	5€	3€	1€	4€	2€	5€	3€	1€	4€	2€	5€
XY445	3€	1€	4€	2€	5€	3€	1€	4€	2€	5€	3€	1€
XY556	4€	2€	5€	3€	1€	4€	2€	5€	3€	1€	4€	2€
XY667	5€	3€	1€	4€	2€	5€	3€	1€	4€	2€	5€	3€
XZ000	1€	4€	2€	5€	3€	1€	4€	2€	5€	3€	1€	4€
XZ001	2€	5€	3€	1€	4€	2€	5€	3€	1€	4€	2€	5€
XZ112	3€	1€	4€	2€	5€	3€	1€	4€	2€	5€	3€	1€

Aufgabe:

Aufgabe	Artikelschlüssel	Herstellerschlüssel	Preisgruppe
101.	XY112	XZ11	

Antwort:

Aufgabe	Artikelschlüssel	Herstellerschlüssel	Preisgruppe
101.	XY112	XZ11	1

In der Beispielaufgabe lautet der Artikelschlüssel XY112 und der Herstellerschlüssel XZ11. Ermitteln Sie anhand der Preisgruppentabelle den entsprechenden Preis dieses Artikels, indem Sie in der Spalte „Artikelschlüssel" den Code XY112 und in der Zeile „Herstellerschlüssel" den Schlüssel XZ11 suchen. Der Preis, den Sie am Schnittpunkt von Artikelschlüssel und Herstellerschlüssel vorfinden, ist die korrekte Antwort und lautet in diesem Fall 1 €. In das Feld wäre demnach die „1" einzutragen.

Bearbeiten Sie diese Aufgaben möglichst schnell, doch achten Sie ebenso auf Genauigkeit.

Preisgruppenliste

Bearbeitungszeit 5 Minuten

Beantworten Sie bitte die folgenden Aufgaben, indem Sie jeweils den richtigen Preis in das Feld eintragen. Die Bearbeitungszeit für die Aufgaben beträgt 5 Minuten.

Preisgruppenliste nach Artikel- und Herstellerschlüssel

Artikel-schlüssel ▼	Herstellerschlüssel											
	XY11	XY33	XZ11	XZ22	YX11	YX33	YZ22	YZ33	ZX11	ZX22	ZY22	ZY33
XY000	3€	1€	4€	2€	5€	3€	1€	4€	2€	5€	3€	1€
XY001	4€	2€	5€	3€	1€	4€	2€	5€	3€	1€	4€	2€
XY112	5€	3€	1€	4€	2€	5€	3€	1€	4€	2€	5€	3€
XY223	1€	4€	2€	5€	3€	1€	4€	2€	5€	3€	1€	4€
XY334	2€	5€	3€	1€	4€	2€	5€	3€	1€	4€	2€	5€
XY445	3€	1€	4€	2€	5€	3€	1€	4€	2€	5€	3€	1€
XY556	4€	2€	5€	3€	1€	4€	2€	5€	3€	1€	4€	2€
XY667	5€	3€	1€	4€	2€	5€	3€	1€	4€	2€	5€	3€
XZ000	1€	4€	2€	5€	3€	1€	4€	2€	5€	3€	1€	4€
XZ001	2€	5€	3€	1€	4€	2€	5€	3€	1€	4€	2€	5€
XZ112	3€	1€	4€	2€	5€	3€	1€	4€	2€	5€	3€	1€
XZ223	4€	2€	5€	3€	1€	4€	2€	5€	3€	1€	4€	2€
XZ334	5€	3€	1€	4€	2€	5€	3€	1€	4€	2€	5€	3€
XZ445	1€	4€	2€	5€	3€	1€	4€	2€	5€	3€	1€	4€
XZ556	2€	5€	3€	1€	4€	2€	5€	3€	1€	4€	2€	5€
XZ667	3€	1€	4€	2€	5€	3€	1€	4€	2€	5€	3€	1€
YX000	4€	2€	5€	3€	1€	4€	2€	5€	3€	1€	4€	2€
YX001	5€	3€	1€	4€	2€	5€	3€	1€	4€	2€	5€	3€
YX112	1€	4€	2€	5€	3€	1€	4€	2€	5€	3€	1€	4€
YX223	2€	5€	3€	1€	4€	2€	5€	3€	1€	4€	2€	5€
YX334	3€	1€	4€	2€	5€	3€	1€	4€	2€	5€	3€	1€
YX445	4€	2€	5€	3€	1€	4€	2€	5€	3€	1€	4€	2€
YX556	5€	3€	1€	4€	2€	5€	3€	1€	4€	2€	5€	3€
YX667	1€	4€	2€	5€	3€	1€	4€	2€	5€	3€	1€	4€
YZ000	2€	5€	3€	1€	4€	2€	5€	3€	1€	4€	2€	5€
YZ001	3€	1€	4€	2€	5€	3€	1€	4€	2€	5€	3€	1€
YZ112	4€	2€	5€	3€	1€	4€	2€	5€	3€	1€	4€	2€
YZ223	5€	3€	1€	4€	2€	5€	3€	1€	4€	2€	5€	3€
YZ334	1€	4€	2€	5€	3€	1€	4€	2€	5€	3€	1€	4€
YZ445	2€	5€	3€	1€	4€	2€	5€	3€	1€	4€	2€	5€
YZ556	3€	1€	4€	2€	5€	3€	1€	4€	2€	5€	3€	1€
YZ667	4€	2€	5€	3€	1€	4€	2€	5€	3€	1€	4€	2€
ZX000	5€	3€	1€	4€	2€	5€	3€	1€	4€	2€	5€	3€
ZX001	1€	4€	2€	5€	3€	1€	4€	2€	5€	3€	1€	4€
ZX112	2€	5€	3€	1€	4€	2€	5€	3€	1€	4€	2€	5€
ZX223	3€	1€	4€	2€	5€	3€	1€	4€	2€	5€	3€	1€
ZX334	4€	2€	5€	3€	1€	4€	2€	5€	3€	1€	4€	2€
ZX445	5€	3€	1€	4€	2€	5€	3€	1€	4€	2€	5€	3€
ZX556	1€	4€	2€	5€	3€	1€	4€	2€	5€	3€	1€	4€
ZX667	2€	5€	3€	1€	1€	2€	5€	3€	1€	1€	2€	5€

Aufgabe	Artikelschlüssel	Herstellerschlüssel	Preisgruppe
111.	XY000	YX11	
112.	XY001	YZ22	
113.	XY112	ZX22	
114.	XY223	ZY33	
115.	XY334	ZY22	
116.	XY445	ZX11	
117.	XY556	YZ33	
118.	XY667	YX33	
119.	XZ000	XZ11	
120.	XZ001	XY33	
121.	XZ112	YX11	
122.	XZ223	ZX11	
123.	XZ334	ZY22	
124.	XZ445	YZ22	
125.	XZ556	XZ22	
126.	XZ667	YZ33	
127.	YX000	ZY33	
128.	YX001	YX33	
129.	YX112	ZX22	
130.	YX223	YZ22	
131.	YX334	ZY22	
132.	YZ334	XY33	
133.	ZX000	YZ33	
134.	ZX334	ZY22	
135.	YZ000	YX33	
136.	ZX667	ZY33	
137.	YZ556	YX11	
138.	ZX112	YX33	
139.	ZX556	YZ33	
140.	YZ223	ZX11	
141.	YX334	XZ22	
142.	YZ112	YX11	
143.	YZ445	ZX22	
144.	ZX223	YZ33	
145.	ZX001	ZX22	
146.	ZX445	XZ11	
147.	YZ667	YX33	
148.	YX556	YZ22	
149.	YX667	ZY22	
150.	YX445	ZY33	

Ausbildungspark Verlag

Lübecker Straße 4 • 63073 Offenbach
Tel. 069-40 56 49 73 • Fax 069-43 05 86 02
Netzseite: www.ausbildungspark.com
E-Post: kontakt@ausbildungspark.com

Copyright © 2012 Ausbildungspark Verlag – Gültekin & Mery GbR.

Alle Rechte liegen beim Verlag.

Das Werk, einschließlich aller seiner Teile, ist urheberrechtlich geschützt. Jede Verwertung außerhalb der engen Grenzen des Urheberrechtsgesetzes ist ohne Zustimmung des Verlages unzulässig und strafbar. Das gilt insbesondere für Vervielfältigungen, Übersetzungen, Mikroverfilmungen und die Einspeicherung und Verarbeitung in elektronischen Systemen.

Eignungstest

Prüfung

4

Fachverkäufer/in im Lebensmittelhandwerk

Kurt Guth / Marcus Mery
Der Einstellungstest / Eignungstest zur Ausbildung zum Kaufmann im Einzelhandel, Verkäufer, Kaufmann im Groß- und Außenhandel, Fachverkäufer Lebensmittelhandwerk, Handelsassistent und Handelsfachwirt
Geeignet für alle Berufe im Handel und Verkauf

Ausgabe 2012

1. Auflage

Herausgeber: Ausbildungspark Verlag,
Gültekin & Mery GbR, Offenbach, 2012

Das Autorenteam dankt Andreas Mohr
für die Unterstützung.

Umschlaggestaltung: SB Design, bitpublishing

Bildnachweis: Archiv des Verlages
Illustrationen: bitpublishing
Grafiken: bitpublishing, SB Design
Lektorat: Virginia Kretzer

Beiwerk:

Eignungstest
Prüfung 4 • Fachverkäufer/in im Lebensmittelhandwerk

Bibliografische Information der Deutschen Nationalbibliothek –
Die Deutsche Nationalbibliothek verzeichnet diese Publikation in der Deutschen Nationalbibliografie; detaillierte bibliografische Daten sind im Internet über http://dnb.d-nb.de abrufbar.

Gedruckt auf chlorfrei gebleichtem Papier

© 2012 Ausbildungspark Verlag
Lübecker Straße 4, 63073 Offenbach
Printed in Germany

Satz: bitpublishing, Schwalbach
Druck: Ausbildungspark Verlag, Offenbach

ISBN 978-3-941356-01-6

Das Werk, einschließlich aller seiner Teile, ist urheberrechtlich geschützt. Jede Verwertung außerhalb der engen Grenzen des Urheberrechtsgesetzes ist ohne Zustimmung des Verlages unzulässig und strafbar. Das gilt insbesondere für Vervielfältigungen, Übersetzungen, Mikroverfilmungen und die Einspeicherung und Verarbeitung in elektronischen Systemen.

Prüfung 4 • Fachverkäufer/in im Lebensmittelhandwerk

**Prüfungsfragen zum schriftlichen Eignungstest zur
Ausbildung im Handel und Verkauf**

Bearbeitungszeit: 100 Minuten

Hilfsmittel: Bleistift, Radiergummi, Schmierpapier, Taschenrechner

Wichtige Hinweise zur richtigen Bearbeitung des Eignungstests

Dieser Test beinhaltet mehrere Aufgabengebiete. Für die Einführung durch den Prüfer, die Bearbeitung und eine kurze Pause benötigen Sie ca. 100 Minuten.

Die Aufgabenbereiche sind i. d. R. so aufgebaut, dass innerhalb eines Aufgabenbereiches die einfachen Fragen am Anfang stehen und die schwereren Fragen am Ende.

Sie haben für jedes Aufgabengebiet eine feste Zeitvorgabe zur Bearbeitung. Die entsprechenden Zeitvorgaben werden Ihnen in den einzelnen Abschnitten mitgeteilt. Der Prüfer wird Sie durch die Prüfung führen, Ihnen die Zeiten vorgeben und Ihnen ein Zeichen geben, wenn Sie zum nächsten Aufgabengebiet weiterblättern sollen.

Wenn Sie die Aufgaben vor Ablauf der vorgegebenen Zeit gelöst haben, dann dürfen Sie innerhalb einer Aufgabengruppe zurückblättern, um ihre Lösungen noch einmal zu überprüfen. Beachten Sie bitte, dass das Umblättern zu einer anderen Aufgabengruppe streng untersagt ist!

Markieren Sie bitte bei jeder Aufgabe einen Lösungsbuchstaben mit Bleistift. Beachten Sie, dass innerhalb einer Aufgabe nur ein Lösungsvorschlag richtig ist. Markieren Sie daher bei jeder Aufgabe nur einen Lösungsvorschlag, ansonsten wird die Antwort als falsch gewertet.

Hierzu ein Beispiel:

Aufgabe

1. Wie viel ergibt 4×3?
   - A. 12
   - B. 17
   - C. 19
   - D. 10
   - E. Keine Antwort ist richtig.

Antwort

(A.) 12

Für den Fall, dass Sie eine Antwort versehentlich falsch markiert haben, radieren Sie Ihre Antwort bitte vorsichtig aus und tragen einen neuen Kreis ein.

Sie erhalten zu jedem Aufgabengebiet einen Bearbeitungshinweis. Lesen Sie diese Hinweise bitte gründlich durch, da Sie wichtige Informationen für die Bearbeitung der Aufgaben erhalten. Nutzen Sie außer Bleistift, Radiergummi, Notizpapier und Taschenrechner keine weiteren Hilfsmittel.

Bearbeiten Sie die Fragen schnell und sorgfältig. Halten Sie sich nicht mit Aufgaben auf, die Ihnen schwer fallen. Berücksichtigen sie, dass dieser Test so zusammengestellt ist, dass kaum jemand in der angesetzten Bearbeitungszeit alle Aufgaben richtig lösen kann.

Behalten Sie daher die Ruhe, wenn Sie die eine oder andere Aufgabe aus zeitlichen Gründen nicht lösen können.

Allgemeinwissen

Verschiedene Themen *Bearbeitungszeit 10 Minuten*

Die folgenden Aufgaben prüfen Ihr Allgemeinwissen.
Zu jeder Aufgabe werden verschiedene Lösungsmöglichkeiten angegeben.
Beantworten Sie bitte die folgenden Aufgaben, indem Sie jeweils den richtigen Buchstaben markieren.

1. Wo hat der Bundeskanzler seinen Amtssitz?
   A. Bonn
   B. Berlin
   C. München
   D. Rheinland-Pfalz
   E. Keine Antwort ist richtig.

2. Von wem wird der Bundestag gewählt?
   A. Bundesrat
   B. Volk
   C. Bundesversammlung
   D. Bundesminister
   E. Keine Antwort ist richtig.

3. Welche Aussage trifft für einen Markenartikel zu?
   A. Die Qualität der Ware ist bei diesen Artikeln immer sehr hochwertig.
   B. Die Ware gibt es nur in einer limitierten Auflage.
   C. Die Ware wird mit einem Firmen- oder Warenzeichen gekennzeichnet.
   D. Der Preis bleibt bei diesen Artikeln immer konstant.
   E. Keine Antwort ist richtig.

4. Die Verfügbarkeit über genügend Zahlungsmittel in einem Unternehmen nennt man …?
   A. Vermögen
   B. Kapital
   C. Geld
   D. Liquidität
   E. Keine Antwort ist richtig.

5. Womit atmen Fische?
   A. Mit Wasserlungen
   B. Mit punktförmigen Organen unterhalb ihrer Schuppen
   C. Mit den Kiemen
   D. Mit speziellen Auswachsungen an den Flossen
   E. Keine Antwort ist richtig.

6. Welche Kulturpflanze wurde nicht aus Amerika nach Europa eingeführt?
   A. Tomate
   B. Kartoffel
   C. Mais
   D. Karotte
   E. Keine Antwort ist richtig.

7. Welcher Gegenstand hat die Form eines Kegels?
   A. Konservendose
   B. Bowlingkugel
   C. Pyramide
   D. Eiswaffel
   E. Keine Antwort ist richtig.

8. Welcher geometrischen Form entspricht eine handelsübliche Konservendose?
   A. Prisma
   B. Pyramide
   C. Zylinder
   D. Kegel
   E. Keine Antwort ist richtig.

9. Was bedeutet die Abkürzung „Schufa"?
   A. Schule für akademische Leistung
   B. Schuldenfalle
   C. Schutz für die Allgemeinheit
   D. Schutzgemeinschaft für allgemeine Kreditsicherung
   E. Keine Antwort ist richtig.

10. Was bedeutet die Abkürzung „AGB"?
    A. Allgemeine Geschäftsbestimmungen
    B. Allgemeine Geschäftsbedingungen
    C. Aktiengesetzbuch
    D. Aktiengesetzbestimmungen
    E. Keine Antwort ist richtig.

Fachbezogenes Wissen

Branche und Beruf *Bearbeitungszeit 5 Minuten*

Mit den folgenden Aufgaben wird Ihr fachbezogenes Wissen geprüft.
Beantworten Sie bitte die folgenden Aufgaben, indem Sie jeweils den richtigen Buchstaben markieren.

11. Welches ist kein Molkereiprodukt?
    A. Joghurt
    B. Butter
    C. Kondensmilch
    D. Majonäse
    E. Keine Antwort ist richtig.

12. Welches Produkt ist Frischware?
    A. Seelachsfilet
    B. Dosenthunfisch
    C. Wurstkonserve
    D. Tütensuppe
    E. Keine Antwort ist richtig.

13. Werden Lebensmittel nach Gewicht oder Volumen berechnet, muss man bei der Auszeichnung ihren Grundpreis angeben – das heißt …?
    A. den Nettopreis ohne Mehrwertsteuer.
    B. den Einkaufspreis des Händlers.
    C. den Preis pro Grundeinheit (Kilogramm, Liter).
    D. den nach Abzug von Rabatten möglichen Mindestpreis.
    E. Keine Antwort ist richtig.

14. Was ist bei der Erzeugung von Bio-Lebensmitteln erlaubt?
    A. Die Verwendung chemischer Pestizide
    B. Der Einsatz von Düngemitteln
    C. Die intensive Behandlung mit Antibiotika und Wachstumshormonen
    D. Gentechnische Manipulationen
    E. Keine Antwort ist richtig.

15. Ein Gemüsehändler will unverpackte Kartoffeln anbieten. Wie könnte das Angebotsschild aussehen?
    A. „Westerwälder Premiumkartoffeln, geeignet zum Braten und Kochen"
    B. „Kochfeste Kartoffeln, sehr wohlschmeckend, 0,50 € pro Stück"
    C. „Kartoffeln der Sorte ‚Sieglinde', festkochend, Handelsklasse I, 1 kg für 1,99 €"
    D. „Leckere Kartoffeln vom Landgut Dürrenbach, unbehandelt, 150 g für nur 19 Cent"
    E. Keine Antwort ist richtig.

Fachbezogenes Wissen

Öffnungszeiten *Bearbeitungszeit 5 Minuten*

Mit den folgenden Aufgaben wird Ihr fachbezogenes Wissen geprüft.

Die Öffnungszeiten Ihrer Filiale sind 08:00–20:00 Uhr. Um 20:10 Uhr befinden sich immer noch einige Kunden im Betrieb. Wie sollten Sie reagieren?

Für eine richtige Antwort kreuzen Sie bitte „Ja" an.
Für eine falsche Antwort kreuzen Sie bitte „Nein" an.

16. Wenn mich mein Vorgesetzter dazu auffordert, bitte ich die Kunden durch die Haussprechanlage höflich, sich langsam zu den Kassen zu begeben, da die Öffnungszeit von 08:00 bis 20:00 Uhr vorbei sei. Ich wünsche den Kunden und Mitarbeitern einen guten Heimweg.
    - [ ] Ja
    - [ ] Nein

17. Ich laufe durch die Verkaufsfläche und fordere die Kunden auf, den Laden zu verlassen.
    - [ ] Ja
    - [ ] Nein

18. Da ich mich an meinen Vertrag halten muss, gehe ich zum Vorgesetzten und melde mich ab.
    - [ ] Ja
    - [ ] Nein

19. Der Kunde zahlt letztendlich meinen Arbeitsplatz. Wenn es mal etwas länger dauert als üblich, dann bringe ich Verständnis dafür auf und bleibe noch.
    - [ ] Ja
    - [ ] Nein

20. Die Öffnungszeiten sind am Kundeneingang ausgewiesen. Der Kunde hatte die Möglichkeit, sich daran zu halten. Ich habe eine Verabredung mit meinem Partner, packe meine Sachen und gehe.
    - [ ] Ja
    - [ ] Nein

Fachbezogenes Wissen

Promotion und Verkostung

Bearbeitungszeit 5 Minuten

Mit den folgenden Aufgaben wird Ihr fachbezogenes Wissen geprüft.
Welche Ziele sollen durch eine Produktpromotion oder -verkostung erreicht werden?
Kreuzen Sie „Ja" an, wenn ein Ziel durch eine Promotion oder Verkostung der Ware erreicht werden soll.
Kreuzen Sie „Nein" an, wenn ein Ziel durch eine Promotion oder Verkostung nicht erreicht werden soll.

21. Ein neues Produkt soll eingeführt werden.
    - ☐ Ja
    - ☐ Nein

22. Der freie Platz im Verkauf soll optimal genutzt werden.
    - ☐ Ja
    - ☐ Nein

23. Die Verkostung soll dazu dienen, dass der Kunde satt wird.
    - ☐ Ja
    - ☐ Nein

24. Durch die Verkostung soll der Kunde die Gelegenheit haben, das Produkt zu testen, um sich später für einen Kauf entscheiden zu können.
    - ☐ Ja
    - ☐ Nein

25. Durch eine Verkostung soll der Umsatz erhöht werden.
    - ☐ Ja
    - ☐ Nein

Sprachbeherrschung

Rechtschreibung Lückentext *Bearbeitungszeit 10 Minuten*

Bei den nächsten Aufgaben geht es darum, das Wort mit der richtigen Schreibweise zu erkennen, welches die Lücke sinnvoll ergänzt.

Beantworten Sie bitte die folgenden Aufgaben, indem Sie jeweils den richtigen Buchstaben markieren.

26. Die Würde des _____ ist unantastbar.
    A. Kindes
    B. Mannes
    C. Menschen
    D. Angestellten
    E. Keine Antwort ist richtig.

27. Das Aussehen eines Menschen ist _____ festgelegt.
    A. genetisch
    B. genotisch
    C. galaktisch
    D. dogmatisch
    E. Keine Antwort ist richtig.

28. Für optimale Heilungschancen ist es notwendig, frühzeitig die richtige _____ anzuwenden.
    A. Therapie
    B. Therapeuten
    C. Therapien
    D. Therapeut
    E. Keine Antwort ist richtig.

29. An heißen Sommertagen ist der Schatten eines _____ meist angenehmer als der eines Gebäudes.
    A. Baum
    B. Bäume
    C. Baumes
    D. Pflanzen
    E. Keine Antwort ist richtig.

30. _____ Jubel riss die Menschen aus ihren Sitzen.
    A. Frenetische
    B. Frenetisches
    C. Frenetischer
    D. Frenetischen
    E. Keine Antwort ist richtig.

31. Jede _____ ist anders als die vorherige.
    A. Generationen
    B. Generations
    C. Generation
    D. Generelle
    E. Keine Antwort ist richtig.

32. Würdest du mehr lernen, dann _____ du mehr!
    A. wusste
    B. wusstest
    C. wüsstest
    D. wissest
    E. Keine Antwort ist richtig.

33. Der _____ ist ein mittelgroßer Greifvogel.
    A. Bussarde
    B. Busards
    C. Bussart
    D. Bussard
    E. Keine Antwort ist richtig.

34. Als _____ sind Sie verantwortlich für die Serienbetreuung der Produkte, die Ausarbeitung von Kundenwünschen und für die technische Zusammenarbeit.
    A. Maschinenbauingeneur
    B. Maschinenbauingenieur
    C. Maschinenbauingenieuren
    D. Maschinenbauingenieurs
    E. Keine Antwort ist richtig.

35. Das Spektrum des Facharztes für plastische _____ ist durch seine Tätigkeit an mehreren Kliniken sehr umfangreich.
    A. Chirurgie
    B. Chirurgien
    C. Chirurge
    D. Chirurg
    E. Keine Antwort ist richtig.

Sprachbeherrschung

Bedeutung von Sprichwörtern *Bearbeitungszeit 5 Minuten*

Bei den nächsten Aufgaben geht es darum, für die jeweiligen Sprichwörter die richtige Bedeutung zu erkennen.
Beantworten Sie bitte die folgenden Aufgaben, indem Sie jeweils den richtigen Buchstaben markieren.

36. Einem geschenkten Gaul schaut man nicht ins Maul.
    A. Geschenke kritisiert man nicht.
    B. Geschenke sind meistens von schlechter Qualität.
    C. Große Geschenke sollte man besser nicht annehmen.
    D. Die inneren Werte sind wichtig.
    E. Keine Antwort ist richtig.

37. Was du heute kannst besorgen, das verschiebe nicht auf morgen.
    A. Kaufe immer möglichst viel auf einmal.
    B. Wer schnell ist, bekommt die besten Angebote.
    C. Man soll Dinge möglichst gleich erledigen.
    D. Man soll nicht so viel an die Zukunft denken.
    E. Keine Antwort ist richtig.

38. Durst macht aus Wasser Wein.
    A. Wenn man verdurstet, bekommt man Halluzinationen.
    B. In der Not sinken die Ansprüche.
    C. Not macht erfinderisch.
    D. Zu viel Wasser trinken ist nicht gesund.
    E. Keine Antwort ist richtig.

39. Wie man sich bettet, so liegt man.
    A. Es ist wichtig, ein gutes Bett zu haben.
    B. Auf weichen Kissen lässt es sich gut schlafen.
    C. Betten sind ein wichtiger Bestandteil unseres Lebens, da man viel Zeit im Schlaf verbringt.
    D. Es hängt von jedem selbst ab, wie er sein Leben gestaltet.
    E. Keine Antwort ist richtig.

40. Wasch mir den Pelz, aber mach mich nicht nass.
    A. Vorsicht ist bei bestimmten Dingen angeraten.
    B. Lege dich nicht mit Stärkeren an.
    C. Jemand gibt sich mit wenig zufrieden.
    D. Jemand möchte nur die Vorteile einer Sache genießen.
    E. Keine Antwort ist richtig.

Sprachbeherrschung

Sinnverwandte Begriffe   *Bearbeitungszeit 5 Minuten*

Ordnen Sie den Begriffen das sinnverwandte Wort zu, indem Sie die entsprechenden Antwortbuchstaben in die Kästchen eintragen.

Begriffe	A–E		Sinnverwandte Begriffe
41. flink	☐	A.	Rentabilität
42. Geruch	☐	B.	beweglich
43. Lohn	☐	C.	Pappe
44. Papier	☐	D.	Duft
45. Wirtschaftlichkeit	☐	E.	Gehalt

Sprachbeherrschung

Richtige Schreibweise
Bearbeitungszeit 10 Minuten

Im Folgenden geht es darum, für die angegebenen Wörter die richtigen Schreibweisen zu bestimmen.

Schreiben Sie bitte zu jedem Wort die richtige Schreibweise in das leere Kästchen, falls das vorgegebene Wort falsch geschrieben ist.

Wort	Richtige Schreibweise	Wort	Richtige Schreibweise
46. Operazion		51. exklusif	
47. defeckt		52. Emmotion	
48. ungläubig		53. Höhr-Nerv	
49. Sehharfen		54. Sympatie	
50. Maschiene		55. Rhytmus	

Mathematik

Prozentrechnen *Bearbeitungszeit 5 Minuten*

Bei der Prozentrechnung gibt es drei Größen, die zu beachten sind, den Prozentsatz, den Prozentwert und den Grundwert. Zwei dieser Größen müssen gegeben sein, um die dritte Größe berechnen zu können.

Beantworten Sie bitte die folgenden Aufgaben, indem Sie jeweils den richtigen Buchstaben markieren.

56. Durch seine langjährige Erfahrung im Handel erhält Herr Mayer ein gebrauchtes Fahrzeug nach Abzug von 20 Prozent Rabatt für einen Preis von 8.000 €. Wie viel hätte Herr Mayer zahlen müssen, wenn er keinen Rabatt erhalten hätte?
    A. 8.800 €
    B. 9.000 €
    C. 10.000 €
    D. 12.000 €
    E. Keine Antwort ist richtig.

57. Herr Mayer möchte einen gebrauchten PKW für 12.000 € erwerben. Da Herr Mayer ein guter Kunde ist, bekommt er einen Rabatt von 8 Prozent. Wie viel Euro spart er durch den Rabatt?
    A. 500 €
    B. 960 €
    C. 1.000 €
    D. 1.200 €
    E. Keine Antwort ist richtig.

58. Herr Müller erhält eine Gehaltserhöhung von fünf Prozent. Derzeit verdient er 3.500 €. Wie viel Euro erhält er zukünftig mehr?
    A. 120 €
    B. 140 €
    C. 160 €
    D. 175 €
    E. Keine Antwort ist richtig.

59. Herr Müller erhält die passenden Winterreifen mit 15 Prozent Rabatt für einen Preis von 765 €. Wie viel hätte Herr Müller ohne Rabatt zahlen müssen?
    A. 680 €
    B. 800 €
    C. 900 €
    D. 1000 €
    E. Keine Antwort ist richtig.

60. Welchen Betrag kann Müller Junior bei einem Kaufpreis von 1.280 € einsparen, wenn er bei Barzahlung einen Rabatt von 6,25 Prozent erhält?
    A. 70 €
    B. 80 €
    C. 90 €
    D. 40 €
    E. Keine Antwort ist richtig.

Mathematik

Rechenoperatoren ergänzen
Bearbeitungszeit 5 Minuten

Welche Rechenzeichen (+, –, ×, ÷) müssen in die Felder eingefügt werden, damit das jeweilige Endergebnis stimmt? Bedenken Sie, dass dabei **Punkt- vor Strichrechnung** gilt.

Beispiel:

1. 2 ☐ 6 ☐ 3 = 15

Die einzige Möglichkeit, diese Aufgabe korrekt zu vervollständigen, ist: 2 × 6 + 3 = 12 + 3 = 15

Beantworten Sie bitte die folgenden Aufgaben, indem Sie jeweils die richtigen Operatoren in die Felder eintragen.

61. 7 ☐ 2 ☐ 3 = 1

62. 15 ☐ 3 ☐ 4 = 9

63. 2 ☐ 8 ☐ 7 = 9

64. 9 ☐ 3 ☐ 4 = 12

65. 6 ☐ 4 ☐ 5 = 19

Mathematik

Gemischte Textaufgaben
Bearbeitungszeit 5 Minuten

Herr Mayer erhält nach seinem täglichen Einkauf im Lebensmittelladen an der Ecke folgende Rechnung.
Bitte prüfen Sie die Beträge und beantworten Sie die folgenden Aufgaben, indem Sie jeweils den richtigen Buchstaben markieren.

minuscule markt
Unendlichkeitsschleife 1 – 24217 Kalifornien
Telefon 04021-1234567

2×1,95	Marmelade	
2×2,95	Honig	
2×1,00	Butter	
6×0,30	Brötchen	
5×0,59	Joghurt	
500g	2,90 EUR/kg Äpfel Deut. Kl.1	
	SUMME	

66. Wie viel Euro kostet die Marmelade insgesamt?
    A. 1,95 €
    B. 3,05 €
    C. 3,10 €
    D. 3,90 €
    E. Keine Antwort ist richtig.

67. Wie viel Euro kostet der Honig insgesamt?
    A. 2,95 €
    B. 5,80 €
    C. 5,90 €
    D. 6,00 €
    E. Keine Antwort ist richtig.

68. Wie viel Euro kostet die Milch?
    A. 0,30 €
    B. 0,59 €
    C. 0,95 €
    D. 1,00 €
    E. Keine Antwort ist richtig.

69. Wie viel Euro kosten die Brötchen und der Jogurt zusammen?
    A. 3,90 €
    B. 4,05 €
    C. 4,70 €
    D. 4,75 €
    E. Keine Antwort ist richtig.

70. Wie ist der Gesamtbetrag, den Herr Mayer laut Rechnung zu zahlen hat?
    A. 16,00 €
    B. 18,00 €
    C. 18,90 €
    D. 20,35 €
    E. Keine Antwort ist richtig.

Logisches Denkvermögen

Wörter erkennen *Aufgabenerklärung*

Dieser Abschnitt prüft Ihr Sprachgefühl und Ihren Wortschatz.
Ihre Aufgabe besteht darin, Wörter in durcheinander gewürfelten Buchstabenfolgen zu erkennen.
Bitte markieren Sie den Buchstaben, von dem Sie denken, dass es der Anfangsbuchstabe des gesuchten Wortes sein könnte.

Hierzu ein Beispiel

Aufgabe

1.

| R | S | P | U | T |

A. R
B. S
C. P
D. U
E. T

Antwort

(B.) S

In dieser Buchstabenreihe versteckt sich das Wort „SPURT" und die richtige Antwort lautet B.

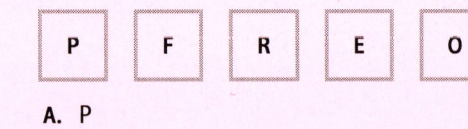

Wörter erkennen

Bearbeitungszeit 10 Minuten

Welches Wort versteckt sich in der Buchstabenreihe.
Beantworten Sie bitte die folgenden Aufgaben, indem Sie den Anfangsbuchstaben des gesuchten Wortes markieren.

71.

| C | H | R | A | U |

A. C
B. H
C. R
D. A
E. U

72.

| P | F | R | E | O |

A. P
B. F
C. R
D. E
E. O

73.

| H | E | L | E | R |

A. H
B. E
C. L
D. E
E. R

74.

| S | E | W | E | P |

A. S
B. E
C. W
D. E
E. P

75.

| R | U | N | G | D |

A. R
B. U
C. N
D. G
E. D

76.

| L | E | H | T | O |

A. L
B. E
C. H
D. T
E. O

77.

| Z | U | B | E | G |

A. Z
B. U
C. B
D. E
E. G

78.

| C | H | I | M | L |

A. C
B. H
C. I
D. M
E. L

79.

| R | I | T | S | N |

A. R
B. I
C. T
D. S
E. N

80.

| L | E | V | G | O |

A. L
B. E
C. V
D. G
E. O

Logisches Denkvermögen

Sprachlogik: Analogien *Aufgabenerklärung*

In diesem Abschnitt wird Ihre Fähigkeit zu logischem Denken im sprachlichen Bereich geprüft.

Pro Aufgabe werden Ihnen zwei Wörter vorgegeben, die in einer bestimmten Beziehung zueinander stehen. Eine ähnliche Beziehung besteht zwischen einem dritten und vierten Wort. Das dritte Wort wird Ihnen vorgegeben, das vierte sollen Sie in den Antworten A bis E selbst ermitteln.

Hierzu ein Beispiel

Aufgabe

1. dick : dünn   wie   lang : ?
    A. hell
    B. dunkel
    C. schmal
    D. kurz
    E. schlank

Antwort

   (D.) kurz

Gesucht wird also ein Begriff, zu dem sich „lang" genauso verhält wie „dick" zu „dünn". Da „dick" das Gegenteil von „dünn" ist, muss ein Begriff gefunden werden, zu dem „lang" das Gegenteil ist. Von den Wahlwörtern kommt somit nur „kurz" in Frage; Lösungsbuchstabe ist daher das D.

Sprachlogik: Analogien

Bearbeitungszeit 10 Minuten

Beantworten Sie bitte die folgenden Aufgaben, indem Sie jeweils den richtigen Buchstaben markieren.

81. Fußballer : Fußballplatz wie Schwimmer : ?
    A. Schwimmbecken
    B. Wasser
    C. Sport
    D. Halle
    E. Badehose

82. Auto : Flugzeug wie fahren : ?
    A. schwimmen
    B. reiten
    C. joggen
    D. laufen
    E. fliegen

83. Flugzeug : Turbine wie Auto : ?
    A. Räder
    B. Motor
    C. Reifen
    D. Getriebe
    E. Flügel

84. Panzer : Schildkröte wie Stachel : ?
    A. Krebs
    B. Fisch
    C. Baum
    D. Igel
    E. Krokodil

85. Schule : Lehrer wie Universität : ?
    A. Magister
    B. Rektor
    C. Student
    D. Assessor
    E. Dozent

86. Einzahl : Mehrzahl wie Singular : ?
    A. Substantiv
    B. Pneuma
    C. Plural
    D. bipolar
    E. multilateral

87. schrill : Ohr wie scharf : ?
    A. süß
    B. sauer
    C. Auge
    D. Zunge
    E. Messer

88. Rot : Liebe wie Schwarz : ?
    A. Freude
    B. Schmerz
    C. Trauer
    D. Glück
    E. Kälte

89. Omelett : Eier wie Butter : ?
    A. Schinken
    B. Zucker
    C. Marmelade
    D. Milch
    E. Öl

90. Luft : Wind wie Wasser : ?
    A. Orkan
    B. Meer
    C. See
    D. Strand
    E. Welle

Logisches Denkvermögen

Sprachlogik: Oberbegriff   *Bearbeitungszeit 10 Minuten*

Nun wird die Fähigkeit zu logischem Denken im sprachlichen Bereich getestet.
In jeder der folgenden Aufgaben werden Ihnen zwei Begriffe vorgegeben, zu denen Sie einen gemeinsamen Oberbegriff finden sollen.
Beantworten Sie bitte die folgenden Aufgaben, indem Sie jeweils den Antwortbuchstaben des Oberbegriffs markieren.

91. Australien, Asien
    A. Afrika
    B. Länder
    C. Union
    D. Kontinente
    E. Keine der obigen Lösungen

92. Schrank, Tisch
    A. Haus
    B. Möbel
    C. Requisiten
    D. Wohnzimmer
    E. Keine der obigen Lösungen

93. Eiche, Buche
    A. Laubbäume
    B. Nadelbäume
    C. Zweig
    D. Tannenbäume
    E. Keine Antwort ist richtig

94. Schraubenzieher, Zange
    A. Baustelle
    B. Reparatur
    C. Elektriker
    D. Werkzeug
    E. Keine Antwort ist richtig.

95. Pullover, Jeans
    A. Mode
    B. Farbe
    C. Größe
    D. Bekleidung
    E. Keine Antwort ist richtig.

96. Nil, Donau
    A. Meer
    B. Fluss
    C. Bach
    D. See
    E. Keine Antwort ist richtig.

97. Jazz, Hip-Hop
    A. Pop
    B. Musik
    C. Lautstärke
    D. Klassik
    E. Keine Antwort ist richtig.

98. langsam, schnell
    A. Fahrzeug
    B. Laufen
    C. Km/h
    D. Geschwindigkeiten
    E. Keine Antwort ist richtig.

99. Brasilien, Peru
    A. Australien
    B. Kanada
    C. Südamerika
    D. Europa
    E. Keine der obigen Lösungen

100. Albrecht Dürer, Vincent van Gogh
    A. Bildhauer
    B. Maler
    C. Artist
    D. Clown
    E. Keine der obigen Lösungen

Ausbildungspark Verlag

Lübecker Straße 4 • 63073 Offenbach
Tel. 069-40 56 49 73 • Fax 069-43 05 86 02
Netzseite: www.ausbildungspark.com
E-Post: kontakt@ausbildungspark.com

Copyright © 2012 Ausbildungspark Verlag – Gültekin & Mery GbR.
Alle Rechte liegen beim Verlag.

Das Werk, einschließlich aller seiner Teile, ist urheberrechtlich geschützt. Jede Verwertung außerhalb der engen Grenzen des Urheberrechtsgesetzes ist ohne Zustimmung des Verlages unzulässig und strafbar. Das gilt insbesondere für Vervielfältigungen, Übersetzungen, Mikroverfilmungen und die Einspeicherung und Verarbeitung in elektronischen Systemen.

Eignungstest

Prüfung

5

Handelsassistent/in und
Handelsfachwirt/in

Kurt Guth / Marcus Mery
Der Einstellungstest / Eignungstest zur Ausbildung zum Kaufmann im Einzelhandel, Verkäufer, Kaufmann im Groß- und Außenhandel, Fachverkäufer Lebensmittelhandwerk, Handelsassistent und Handelsfachwirt
Geeignet für alle Berufe im Handel und Verkauf

Ausgabe 2012

1. Auflage

Herausgeber: Ausbildungspark Verlag,
Gültekin & Mery GbR, Offenbach, 2012

Das Autorenteam dankt Andreas Mohr
für die Unterstützung.

Umschlaggestaltung: SB Design, bitpublishing

Bildnachweis: Archiv des Verlages
Illustrationen: bitpublishing
Grafiken: bitpublishing, SB Design
Lektorat: Virginia Kretzer

Beiwerk:

Eignungstest
Prüfung 5 • Handelsassistent/in und Handelsfachwirt/in

Bibliografische Information der Deutschen Nationalbibliothek
Die Deutsche Nationalbibliothek verzeichnet diese Publikation in der Deutschen Nationalbibliografie; detaillierte bibliografische Daten sind im Internet über http://dnb.d-nb.de abrufbar.

Gedruckt auf chlorfrei gebleichtem Papier

© 2012 Ausbildungspark Verlag
Lübecker Straße 4, 63073 Offenbach
Printed in Germany

Satz: bitpublishing, Schwalbach
Druck: Ausbildungspark Verlag, Offenbach

ISBN 978-3-941356-01-6

Das Werk, einschließlich aller seiner Teile, ist urheberrechtlich geschützt. Jede Verwertung außerhalb der engen Grenzen des Urheberrechtsgesetzes ist ohne Zustimmung des Verlages unzulässig und strafbar. Das gilt insbesondere für Vervielfältigungen, Übersetzungen, Mikroverfilmungen und die Einspeicherung und Verarbeitung in elektronischen Systemen.

Prüfung 5 • Handelsassistent/in und Handelsfachwirt/in

**Prüfungsfragen zum schriftlichen Eignungstest zur
Ausbildung im Handel**

Bearbeitungszeit: 103 Minuten

Hilfsmittel: Bleistift, Radiergummi, Schmierpapier, Taschenrechner

Wichtige Hinweise zur richtigen Bearbeitung des Eignungstests

Dieser Test beinhaltet mehrere Aufgabengebiete. Für die Einführung durch den Prüfer, die Bearbeitung und eine kurze Pause benötigen Sie ca. 103 Minuten.

Die Aufgabenbereiche sind i. d. R. so aufgebaut, dass innerhalb eines Aufgabenbereiches die einfachen Fragen am Anfang stehen und die schwereren Fragen am Ende.

Sie haben für jedes Aufgabengebiet eine feste Zeitvorgabe zur Bearbeitung. Die entsprechenden Zeitvorgaben werden Ihnen in den einzelnen Abschnitten mitgeteilt. Der Prüfer wird Sie durch die Prüfung führen, Ihnen die Zeiten vorgeben und Ihnen ein Zeichen geben, wenn Sie zum nächsten Aufgabengebiet weiterblättern sollen.

Wenn Sie die Aufgaben vor Ablauf der vorgegebenen Zeit gelöst haben, dann dürfen Sie innerhalb einer Aufgabengruppe zurückblättern, um ihre Lösungen noch einmal zu überprüfen. Beachten Sie bitte, dass das Umblättern zu einer anderen Aufgabengruppe streng untersagt ist!

Markieren Sie bitte bei jeder Aufgabe einen Lösungsbuchstaben mit Bleistift. Beachten Sie, dass innerhalb einer Aufgabe nur ein Lösungsvorschlag richtig ist. Markieren Sie daher bei jeder Aufgabe nur einen Lösungsvorschlag, ansonsten wird die Antwort als falsch gewertet.

Hierzu ein Beispiel:

Aufgabe

1. Wie viel ergibt 4 × 3?
    - A. 12
    - B. 17
    - C. 19
    - D. 10
    - E. Keine Antwort ist richtig.

Antwort

(A.) 12

Für den Fall, dass Sie eine Antwort versehentlich falsch markiert haben, radieren Sie Ihre Antwort bitte vorsichtig aus und tragen einen neuen Kreis ein.

Sie erhalten zu jedem Aufgabengebiet einen Bearbeitungshinweis. Lesen Sie diese Hinweise bitte gründlich durch, da Sie wichtige Informationen für die Bearbeitung der Aufgaben erhalten. Nutzen Sie außer Bleistift, Radiergummi, Notizpapier und Taschenrechner keine weiteren Hilfsmittel.

Bearbeiten Sie die Fragen schnell und sorgfältig. Halten Sie sich nicht mit Aufgaben auf, die Ihnen schwer fallen. Berücksichtigen sie, dass dieser Test so zusammengestellt ist, dass kaum jemand in der angesetzten Bearbeitungszeit alle Aufgaben richtig lösen kann.

Behalten Sie daher die Ruhe, wenn Sie die eine oder andere Aufgabe aus zeitlichen Gründen nicht lösen können.

Allgemeinwissen

Verschiedene Themen
Bearbeitungszeit 10 Minuten

Die folgenden Aufgaben prüfen Ihr Allgemeinwissen.

Zu jeder Aufgabe werden verschiedene Lösungsmöglichkeiten angegeben.
Beantworten Sie bitte die folgenden Aufgaben, indem Sie jeweils den richtigen Buchstaben markieren.

1. Wer bestimmt die Richtlinien der deutschen Politik?
   - A. Innenminister
   - B. Bundestagspräsident
   - C. Bundeskanzler
   - D. Bundespräsident
   - E. Keine Antwort ist richtig.

2. Wie hoch ist etwa der Bundeshaushalt für 2012?
   - A. 108 Milliarden Euro
   - B. 150 Milliarden Euro
   - C. 306 Milliarden Euro
   - D. 500 Milliarden Euro
   - E. Keine Antwort ist richtig.

3. In welcher Schweizer Gemeinde findet das alljährliche Weltwirtschaftsforum mit den wichtigsten Politikern und Wirtschaftsführern der Welt statt?
   - A. Bern
   - B. Zürich
   - C. Genf
   - D. Davos
   - E. Keine Antwort ist richtig.

4. In welcher Stadt hat das Bundespatentamt seinen Sitz?
   - A. Berlin
   - B. Karlsruhe
   - C. Hamburg
   - D. München
   - E. Keine Antwort ist richtig.

5. Was versteht man unter dem Begriff „Boom" im wirtschaftlichen Zusammenhang?
   - A. Konjunkturabschwächung
   - B. Konjunkturrückgang
   - C. Hochkonjunktur
   - D. Konjunkturabschwung
   - E. Keine Antwort ist richtig.

6. Was ist ein Wechsel im Sinne des Zahlungsverkehrs?
   - A. Ein verzinsliches Wertpapier
   - B. Verbrieftes Recht an einem Basispapier
   - C. Anteil an einer Gesellschaft
   - D. Ein Wertpapier mit Zahlungsanweisung des Ausstellers
   - E. Keine Antwort ist richtig.

7. Wie viele Kegel (Pins) werden beim Bowling aufgestellt?
   A. 8
   B. 9
   C. 10
   D. 11
   E. Keine Antwort ist richtig.

8. Wofür ist das Kleinhirn zuständig?
   A. Koordination von Bewegungen
   B. Kontrolle lebensnotwendiger Funktionen wie Atmung, Herzschlag, Stoffwechsel
   C. Verarbeitung von Emotionen
   D. Abstraktes und Assoziatives Denken
   E. Keine Antwort ist richtig.

9. Ahmt eine Website das Aussehen einer anderen Seite nach, um Zugangs- oder andere Daten in Erfahrung zu bringen, nennt man das …?
   A. Phishing.
   B. Pulling.
   C. Stalking.
   D. Hitchhiking.
   E. Keine Antwort ist richtig.

10. Welche Aussage zur IP-Adresse ist falsch?
    A. Eine IP-Adresse dient der Identifikation in einem Netzwerk.
    B. Eine IP-Adresse besteht aus Zahlen und Punkten.
    C. Eine IP-Adresse könnte lauten: 162.22.106.80
    D. Die IP-Adresse ist ein 30 Bit langes Datenwort.
    E. Keine Antwort ist richtig.

Fachbezogenes Wissen

Branche und Beruf *Bearbeitungszeit 10 Minuten*

Mit den folgenden Aufgaben wird Ihr fachbezogenes Wissen geprüft.
Beantworten Sie bitte die folgenden Aufgaben, indem Sie jeweils den richtigen Buchstaben markieren.

11. Welcher Preis ist ein Schwellenpreis?
    A. 40,– Euro
    B. 101,50 Euro
    C. 1.000,– Euro
    D. 99,95 Euro
    E. Keine Antwort ist richtig.

12. Hersteller A räumt Einzelhändler B das Recht ein, das eigene Geschäftskonzept gegen Entgelt zu nutzen. Die Rede ist vom …?
    A. Kartell.
    B. Shop-in-Shop-System.
    C. Direktvertrieb.
    D. Franchising.
    E. Keine Antwort ist richtig.

13. Was geschieht in einem Factory-Outlet-Center?
    A. Ein aufgegebenes Geschäft löst seine Restbestände auf.
    B. Industriebetriebe versorgen sich mit Geräten und Maschinen.
    C. Verschiedene Hersteller verkaufen preisreduzierte Markenartikel.
    D. Ein Unternehmen beliefert seine Kunden direkt aus einem Zentrallager.
    E. Keine Antwort ist richtig.

14. Der Kunde wählt die frei zugängliche Ware selbstständig aus, das Verkaufspersonal unterstützt ihn dabei. Um welche Verkaufsform handelt es sich?
    A. Selbstbedienung
    B. Vorwahl
    C. Geführter Kauf
    D. Vollbedienung
    E. Keine Antwort ist richtig.

15. Wie verläuft ein Kommissionsgeschäft?
    A. Der Kommissionär verkauft Güter auf Rechnung des Kommittenten und erhält dafür Provision.
    B. Der Kommissionär mietet vom Kommittenten die Nutzungsrechte an einem Produkt.
    C. Der Kommissionär pachtet ein Geschäft vom Kommittenten und reicht einen Teil der Umsätze an ihn weiter.
    D. Der Kommissionär verkauft Güter an einen Kommittenten und behält sich die Option auf Rückkauf vor.
    E. Keine Antwort ist richtig.

16. Welcher Faktor sollte bei der Zusammenstellung eines Warenangebots keine Rolle spielen?
    A. Kundenkreis
    B. Vorlieben des Geschäftsführers
    C. Geschäftszweig
    D. Konkurrenzsituation
    E. Keine Antwort ist richtig.

17. Wobei handelt es sich um miteinander konkurrierende Substitutionsgüter?
    A. Zucker und Salz
    B. Schokolade und Milch
    C. Butter und Margarine
    D. Zahnbürste und Zahnpasta
    E. Keine Antwort ist richtig.

18. Wo in einem Supermarkt findet man üblicherweise die stark nachgefragten, schnell verderblichen Frischfleisch- und Molkereiprodukte?
    A. An der hinteren Rückwand
    B. An einer Seitenwand
    C. In einem Mittelgang
    D. Möglichst nah an der Kasse
    E. Keine Antwort ist richtig.

19. Wofür stehen die Begriffe „Merino", „Alpaka" und „Kaschmir"?
    A. Italienische Weinanbaugebiete
    B. Hochwertige Wollsorten
    C. Hersteller von Elektrogeräten
    D. Orientalische Gewürzmischungen
    E. Keine Antwort ist richtig.

20. Eine Frage zum Sprachgebrauch: Welche Aussage zum Sortimentsbegriff stimmt nicht?
    A. Ist das Angebot kleiner als die Nachfrage, spricht man von einem Untersortiment.
    B. Entspricht das Angebot der Nachfrage, spricht man von einem Vollsortiment.
    C. Mit dem Randsortiment wird nur ein geringer Teil des Umsatzes erwirtschaftet.
    D. Ist das Angebot größer als die Nachfrage, spricht man von einem Übersortiment.
    E. Keine Antwort ist richtig.

Fachbezogenes Wissen

Preisbildung *Bearbeitungszeit 5 Minuten*

Mit den folgenden Aufgaben wird Ihr fachbezogenes Wissen geprüft.

Bei der Preisbestimmung von Waren müssen mehrere Faktoren berücksichtigt werden.
Welche der unten aufgeführten Aussagen zur Preisbestimmung sind richtig, welche sind falsch?
Für eine richtige Aussage kreuzen Sie bitte „Ja" an.
Für eine falsche Aussage kreuzen Sie bitte „Nein" an.

21. Für die Preisbestimmung sollten die Preise der Konkurrenz berücksichtigt werden.
    - ☐ Ja
    - ☐ Nein

22. Tendenziell sinkt der Preis für technisches Gerät durch den technischen Fortschritt.
    - ☐ Ja
    - ☐ Nein

23. Je höher die Nachfrage, desto eher sind hohe Preise zu erzielen.
    - ☐ Ja
    - ☐ Nein

24. Bei technischen Geräten sind die Preise über längere Zeit stabil.
    - ☐ Ja
    - ☐ Nein

25. Auf einem ausgeglichenen Markt treffen Angebot und Nachfrage in einem gemeinsamen Punkt, dem Marktgleichgewicht, aufeinander.
    - ☐ Ja
    - ☐ Nein

Sprachbeherrschung

Rechtschreibung *Bearbeitungszeit 10 Minuten*

Im nächsten Abschnitt werden Ihre Rechtschreibkenntnisse geprüft.
Wählen Sie bei jeder Aufgabe die richtige Schreibweise aus und markieren Sie den zugehörigen Buchstaben.

26.
- A. Der Klown im Zirkus hat eine rote Nase.
- B. Der Clown im Cirkus hat eine rote Nase.
- C. Der Clovn im Zirkus hat eine rote Nase.
- D. Der Clown im Zirkus hat eine rote Nase.
- E. Keine Antwort ist richtig.

27.
- A. Ein spezieler Bügel für Kinderbekleidung
- B. Ein spezieller Bügel für Kinderbekleidung
- C. Ein spezieller Bügel für Kinderbegleidung
- D. Ein spezieler Bügel für Kinderbegleitung
- E. Keine Antwort ist richtig.

28.
- A. Gesetze zum Kaufvertragsrecht
- B. Gesetzte zum Kaufvertragsrecht
- C. Geseze zum Kaufvertragsrecht
- D. Gesetze zum Kaufvertragsrescht
- E. Keine Antwort ist richtig.

29.
- A. Kaufmänisches Fachwissen
- B. Kaufmännisches Fachwissen
- C. Kaufmännisches Fachwisen
- D. Kaufmänisches Fachwisen
- E. Keine Antwort ist richtig.

30.
- A. Am Samstag und sonntags ist geschlossen.
- B. Am Samstag und sonntags ist geschlosen.
- C. Am Samstag und Sonntags ist geschlossen.
- D. Am Samstag und sontags ist geschlossen.
- E. Keine Antwort ist richtig.

31.
- A. Vor allem Samstags und Sonntags ist viel los.
- B. Vor allem samstags und Sonntags ist viel los.
- C. Vor allem Samstags und sonntags ist viel los.
- D. Vor allem samstags und sonntags ist viel los.
- E. Keine Antwort ist richtig.

32.
- A. Es geht Früh am Morgen los.
- B. Es geht früh am Morgen los.
- C. Es geht Früh am morgen los.
- D. Es geht früh am morgen los.
- E. Keine Antwort ist richtig.

33.
- A. Die durchschnittlischen Versandkosten steigen überproportional.
- B. Die durchschnittlichen Versankosten steigen überpropotional.
- C. Die durchschnittlichen Versantkosten steigen überproportional.
- D. Die durchschnittlichen Versandkosten steigen überproportional.
- E. Keine Antwort ist richtig.

34.
- A. Inventurverhütende Masnahmen
- B. Inventurverhütende Massnamen
- C. Inventurverhütende Maßnahmen
- D. Inwenturverhütende Maßnahmen
- E. Keine Antwort ist richtig.

35.
- A. Ein viertel Pfund Thomaten und ein viertel Brot.
- B. Ein viertel Fund Tomaten und ein Viertel Brot.
- C. Ein Viertel Pfund Tomaten und ein Viertel Brot.
- D. Ein Viertelpfund Tomaten und ein Viertel Brot.
- E. Keine Antwort ist richtig.

Sprachbeherrschung

Kommasetzung *Bearbeitungszeit 5 Minuten*

Bei den nächsten Aufgaben geht es darum, die richtige Kommasetzung in den Texten zu erkennen.
Beantworten Sie bitte die folgenden Aufgaben, indem Sie jeweils den richtigen Buchstaben markieren.

36.
- A. Hannes hat seinen Job, schon wieder gekündigt weil er sich mit seinen Kollegen nicht gut verstanden hat.
- B. Hannes hat seinen Job schon wieder gekündigt, weil er sich, mit seinen Kollegen, nicht gut verstanden hat.
- C. Hannes hat seinen Job schon wieder, gekündigt, weil er sich mit seinen Kollegen nicht gut verstanden hat.
- D. Hannes hat seinen Job schon wieder gekündigt, weil er sich mit seinen Kollegen nicht gut verstanden hat.
- E. Keine Antwort ist richtig.

37.
- A. Auch wenn das Buch sehr gut sein soll, ist es für meine Zwecke nicht nützlich.
- B. Auch wenn das Buch sehr gut sein soll ist es für meine Zwecke nicht nützlich.
- C. Auch, wenn das Buch sehr gut sein soll, ist es für meine Zwecke nicht nützlich.
- D. Auch wenn das Buch sehr gut sein soll, ist es für meine Zwecke, nicht nützlich.
- E. Keine Antwort ist richtig.

38.
- A. Max Mayer, ein einfallsreicher Kaufmann, führt Sie durch dieses Buch.
- B. Max Mayer, ein einfallsreicher Kaufmann führt Sie durch dieses Buch.
- C. Max Mayer, ein einfallsreicher Kaufmann, führt Sie, durch dieses Buch.
- D. Max Mayer ein einfallsreicher Kaufmann, führt Sie, durch dieses Buch.
- E. Keine Antwort ist richtig.

39.
- A. Begründen Sie bitte warum Sie sich gerade bei uns beworben haben?
- B. Begründen Sie bitte, warum Sie sich gerade bei uns beworben haben?
- C. Begründen, Sie bitte, warum Sie sich gerade bei uns beworben haben?
- D. Begründen, Sie bitte warum Sie sich gerade bei uns beworben haben?
- E. Keine Antwort ist richtig.

40.
- A. Erkundigen Sie sich bei der Agentur für Arbeit bei Freunden und Verwandten nach Unternehmen die in den Berufen Ausbildungsplätze anbieten für die Sie sich interessieren.
- B. Erkundigen Sie sich bei der Agentur für Arbeit, bei Freunden und Verwandten nach Unternehmen, die in den Berufen Ausbildungsplätze anbieten, für die Sie sich interessieren.
- C. Erkundigen Sie sich bei der Agentur für Arbeit, bei Freunden, und Verwandten nach Unternehmen die in den Berufen Ausbildungsplätze anbieten, für die Sie sich interessieren.
- D. Erkundigen Sie sich bei der Agentur für Arbeit, bei Freunden und Verwandten nach Unternehmen, die in den Berufen Ausbildungsplätze anbieten, für die Sie sich interessieren.
- E. Keine Antwort ist richtig.

Sprachbeherrschung

Fremdwörter
Bearbeitungszeit 5 Minuten

Ordnen Sie den Fremdwörtern die richtige Bedeutung zu, indem Sie die entsprechenden Antwortbuchstaben in die Kästchen eintragen.

Fremdwort	A–E	Bedeutung
41. eloquent		A. summieren
42. expositorisch		B. redegewandt
43. kumulieren		C. waagerecht
44. obsolet		D. ungebräuchlich
45. horizontal		E. erklärend

Sprachbeherrschung

Infinitive bilden *Bearbeitungszeit 10 Minuten*

Ihnen werden konjugierte Verben vorgegeben. Ihre Aufgabe besteht darin, den Infinitiv Präsens (Grundform) zu bilden.

Tragen Sie für die folgenden 20 Verben jeweils den Infinitiv in das leere Kästchen ein.

Verbform	**Infinitiv Präsens**	**Verbform**	**Infinitiv Präsens**
46. floh		51. geschwollen	
47. flöge		52. magst	
48. grübe		53. vorgeworfen	
49. geflossen		54. geklungen	
50. riet		55. sähe	

Mathematik

Zinsrechnen
Bearbeitungszeit 5 Minuten

Bei der kaufmännischen Zinsrechnung werden dem Monat 30 Tage und dem Jahr 360 Tage zugrunde gelegt.
Beantworten Sie bitte die folgenden Aufgaben, indem Sie jeweils den richtigen Buchstaben markieren.

56. Um eine Rechnung kurzfristig begleichen zu können, möchte Herr Mayer eine Geldanlage in Höhe von 42.000 € vorzeitig auflösen. Bei einem Jahreszins von sechs Prozent hat er 840 € Zinsen erhalten. Wie lange war das Geld angelegt?
    A. 120 Tage
    B. 140 Tage
    C. 160 Tage
    D. 180 Tage
    E. Keine Antwort ist richtig.

57. Herr Mayer erhält für eine Geldanlage, die zu sechs Prozent angelegt wurde, nach vier Monaten einen Zins in Höhe von 1.200 €. Welchen Betrag hat Herr Mayer angelegt?
    A. 40.000 €
    B. 50.000 €
    C. 60.000 €
    D. 70.000 €
    E. Keine Antwort ist richtig.

58. Herr Mayer möchte einen Betrag von 50.000 € zu acht Prozent Zinsen fest anlegen. Welchen Betrag erhält er nach einem halben Jahr inklusive Zinsen zurück?
    A. 52.000 €
    B. 54.200 €
    C. 55.000 €
    D. 56.000 €
    E. Keine Antwort ist richtig.

59. Herr Mayer möchte eine neue Maschine zum Preis von 40.000 € kaufen. Er bekommt von der Bank einen Kredit zu einem Zinssatz von sechs Prozent. Herr Mayer möchte den Kredit nach 90 Tagen abzahlen. Wie viel Prozent des Anschaffungspreises machen die Zinsen für 90 Tage aus?
    A. 1,0 %
    B. 1,5 %
    C. 2,0 %
    D. 2,5 %
    E. Keine Antwort ist richtig.

60. Welchem effektiven Jahreszins entsprechen 3 % Skonto, wenn die Zahlungsbedingung lautet: Zahlungsziel 30 Tage, bei einer Zahlung innerhalb zwei Wochen werden 3 % Skonto gewährt.
    Die Woche hat 7 Tage, der Monat 30 Tage und das Jahr 360 Tage.
    A. 33,33 %
    B. 9,00 %
    C. 21,15 %
    D. 67,5 %
    E. Keine Antwort ist richtig.

Mathematik

Maße und Einheiten umrechnen   *Bearbeitungszeit 5 Minuten*

Beantworten Sie bitte die folgenden Aufgaben, indem Sie jeweils den richtigen Buchstaben markieren.

61. Wie viele Meter sind 41,4 km?
    - A. 414.000 m
    - B. 41.400 m
    - C. 4.140 m
    - D. 414 m
    - E. Keine Antwort ist richtig.

62. Die Tragkraft einer Hebebühne beträgt 1,05 Tonnen. Wie vielen Kilogramm entspricht das?
    - A. 105 kg
    - B. 1.050 kg
    - C. 1.500 kg
    - D. 15.000 kg
    - E. Keine Antwort ist richtig.

63. Wie viele Kilometer sind 345 Millimeter?
    - A. 3,45
    - B. 0,045
    - C. 0,00345
    - D. 0,000345
    - E. Keine Antwort ist richtig.

64. Wie viele Zentner sind 425 Kilogramm?
    - A. 8,5
    - B. 85
    - C. 42,5
    - D. 4,25
    - E. Keine Antwort ist richtig.

65. Wie viele Sekunden haben vier Tage?
    - A. 345.600 Sekunden
    - B. 347.600 Sekunden
    - C. 349.600 Sekunden
    - D. 350.600 Sekunden
    - E. Keine Antwort ist richtig.

Mathematik

Gemischte Textaufgaben

Bearbeitungszeit 5 Minuten

Der Handwerker Max Mayer hat für seine Werkstatt einen Einkauf getätigt und einen Kassenbon erhalten.
Prüfen Sie diesen Kassenbon bitte auf Richtigkeit und beantworten Sie die folgenden Aufgaben, indem Sie jeweils den richtigen Buchstaben markieren.

minuscule baumarkt
Unendlichkeitsschleife 1 - 24217 Kalifornien
Telefon 04021-1234567

Menge	Artikel	Einzelpreis	Gesamtpreis
8 ×	Packung Schrauben	2,50 €	17,50 €
2 ×	Akkubohrer	29,99 €	59,98 €
4 ×	Kasten	9,99 €	29,97 €
2 ×	Elektrische Stichsäge	19,99 €	39,98 €
5 ×	Schraubendreher	2,39 €	11,95 €

66. Wie hoch ist der Gesamtbetrag, den Herr Mayer gezahlt hat?
    A. 100,99 €
    B. 122,99 €
    C. 129,99 €
    D. 159,38 €
    E. Keine Antwort ist richtig

67. Wie hoch ist der Betrag, den Herr Mayer laut Rechnung für Maschinen ausgegeben hat?
    A. 99,96 €
    B. 109,96 €
    C. 110,96 €
    D. 120,96 €
    E. Keine Antwort ist richtig

68. Wie hoch ist der Betrag, den Herr Mayer laut Rechnung für Schrauben, Kasten und Schraubendreher gezahlt hat?
    A. 39,42 €
    B. 59,42 €
    C. 79,96 €
    D. 99,96 €
    E. Keine Antwort ist richtig

69. Wie hätte der Gesamtbetrag lauten müssen, wenn die Kassiererin richtig kassiert hätte?
    A. 109,96 €
    B. 122,96 €
    C. 142,86 €
    D. 171,87 €
    E. Keine Antwort ist richtig

70. Wie hoch ist der Betrag, den Herr Mayer tatsächlich für Schrauben, Kasten und Schraubendreher bezahlen müsste?
    A. 59,90 €
    B. 69,90 €
    C. 71,91 €
    D. 79,90 €
    E. Keine Antwort ist richtig

Logisches Denkvermögen

Zahlenreihen fortsetzen
Bearbeitungszeit 10 Minuten

Im nächsten Abschnitt haben Sie Zahlenfolgen, die nach festen Regeln aufgestellt sind.

Bitte markieren Sie den zugehörigen Buchstaben der Zahl, von der Sie denken, dass sie die Reihe am sinnvollsten ergänzt.

71.

| 300 | 200 | 300 | 220 | 300 | 240 | 300 | ? |

- A. 260
- B. 280
- C. 300
- D. 320
- E. Keine Antwort ist richtig.

72.

| 32 | 8 | 12 | 3 | ? |

- A. 7
- B. 8
- C. −8
- D. 9
- E. Keine Antwort ist richtig.

73.

| 60 | 54 | 49 | 45 | 42 | ? |

- A. 39
- B. 48
- C. 40
- D. 45
- E. Keine Antwort ist richtig.

74.

| 8 | 6 | 18 | 16 | 48 | ? |

- A. 46
- B. 138
- C. 148
- D. 32
- E. Keine Antwort ist richtig.

75.

| 4 | 6 | 9 | 13 | 15 | ? |

- A. 18
- B. 26
- C. 24
- D. 22
- E. Keine Antwort ist richtig.

76.

| 6 | 5 | 10 | 7 | 28 | 23 | ? |

- A. 17
- B. 115
- C. 138
- D. 161
- E. Keine Antwort ist richtig.

77.

| 24 | 28 | 25 | 27 | 26 | 26 | ? |

- A. 26
- B. 25
- C. 27
- D. 28
- E. Keine Antwort ist richtig.

78.

| 4 | 6 | 10 | 18 | 34 | ? |

- A. 56
- B. 60
- C. 65
- D. 66
- E. Keine Antwort ist richtig.

79.

| 10 | 7 | 28 | 25 | 100 | 97 | ? |

- A. 350
- B. 378
- C. 399
- D. 388
- E. Keine Antwort ist richtig.

80.

| 126 | 1260 | 140 | 1120 | 160 | ? |

- A. 32
- B. 800
- C. 960
- D. 1020
- E. Keine Antwort ist richtig.

Logisches Denkvermögen

Element in der Reihe erkennen   *Bearbeitungszeit 10 Minuten*

Bei diesen Aufgaben geht es darum, Regelmäßigkeiten zu erkennen.

In jeder Reihe befindet sich ein Element, welches nicht in die Reihe passt. Ihre Aufgabe besteht darin, dieses Element zu erkennen und den zugehörigen Buchstaben zu markieren.

81. Welches Element passt nicht in die Reihe?

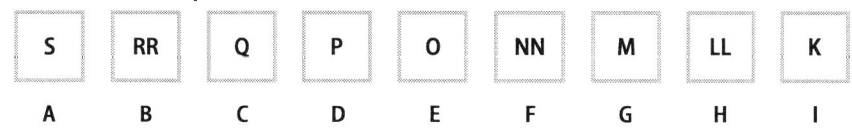

S	RR	Q	P	O	NN	M	LL	K
A	B	C	D	E	F	G	H	I

82. Welches Element passt nicht in die Reihe?

F	G	G	G	H	H	I	I	J
A	B	C	D	E	F	G	H	I

83. Welches Element passt nicht in die Reihe?

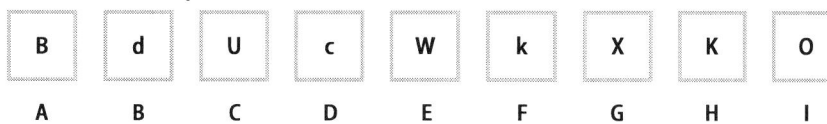

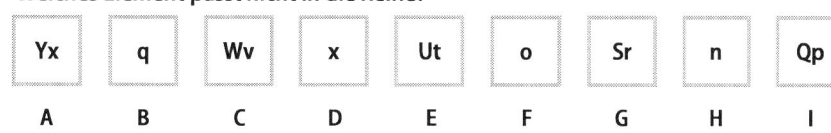

Z	A	Y	A	B	A	W	A	V
A	B	C	D	E	F	G	H	I

84. Welches Element passt nicht in die Reihe?

B	d	U	c	W	k	X	K	O
A	B	C	D	E	F	G	H	I

85. Welches Element passt nicht in die Reihe?

Y	v	S	p	M	k	G	d	A
A	B	C	D	E	F	G	H	I

86. Welches Element passt nicht in die Reihe?

Yx	q	Wv	x	Ut	o	Sr	n	Qp
A	B	C	D	E	F	G	H	I

87. Welches Element passt nicht in die Reihe?

t	l	p	f	j	i	k	b	d
A	B	C	D	E	F	G	H	I

88. Welches Element passt nicht in die Reihe?

A	B	C	D	H	I	M	N	O
A	B	C	D	E	F	G	H	I

89. Welches Element passt nicht in die Reihe?

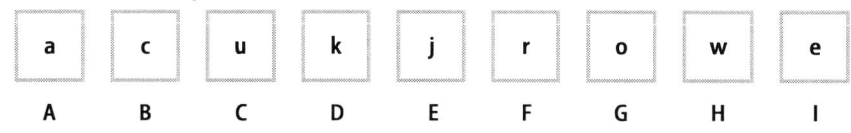

a	c	u	k	j	r	o	w	e
A	B	C	D	E	F	G	H	I

90. Welches Element passt nicht in die Reihe?

p	q	q	q	p	q	o	q	n
A	B	C	D	E	F	G	H	I

Logisches Denkvermögen

Sprachlogik: Oberbegriff *Bearbeitungszeit 10 Minuten*

Nun wird die Fähigkeit zu logischem Denken im sprachlichen Bereich getestet.
In jeder der folgenden Aufgaben werden Ihnen zwei Begriffe vorgegeben, zu denen Sie einen gemeinsamen Oberbegriff finden sollen.
Beantworten Sie bitte die folgenden Aufgaben, indem Sie jeweils den Antwortbuchstaben des Oberbegriffs markieren.

91. Zahnkranz, Pedale
    A. Auto
    B. Geschwindigkeit
    C. Werkzeug
    D. Fahrrad
    E. Keine Antwort ist richtig.

92. Festplatte, Prozessor
    A. Computerspiel
    B. Internet
    C. Chat
    D. Computer
    E. Keine Antwort ist richtig.

93. Krone, Rubel
    A. König
    B. Währung
    C. Land
    D. Politik
    E. Keine Antwort ist richtig.

94. Nase, Ohr
    A. Mund
    B. Zunge
    C. Sinnesorgan
    D. Zähne
    E. Keine der obigen Lösungen

95. Kilogramm, Tonne
    A. Last
    B. schwer
    C. Gramm
    D. Gewicht
    E. Keine der obigen Lösungen

96. Asien, Amerika
    A. Erde
    B. Länder
    C. Kontinente
    D. Gebiete
    E. Keine der obigen Lösungen

97. Sokrates, Kant
    A. Musiker
    B. Künstler
    C. Philosophen
    D. Politiker
    E. Keine der obigen Lösungen

98. Linse, Iris
    A. Hornhaut
    B. Pupille
    C. Auge
    D. Netzhaut
    E. Keine der obigen Lösungen

99. Aluminium, Natrium
    A. Schwermetall
    B. Leichtmetall
    C. Veredelung
    D. Legierungen
    E. Keine der obigen Lösungen

100. Karpfen, Hering
    A. Friedfisch
    B. Raubfisch
    C. Tiere
    D. Wal
    E. Keine der obigen Lösungen

Konzentrationsvermögen

„p" und „q"-Test
Bearbeitungszeit 3 Minuten

In diesem Abschnitt werden Ihre Schnelligkeit und Genauigkeit geprüft.
Sie erhalten in jeder Buchstabenzeile bis zu vier verschiedene Buchstaben, nämlich „p", „b", „d" und „q".
Ihre Aufgabe besteht darin, in jeder Zeile die Anzahl der Buchstaben „q" zu zählen und das Ergebnis in die rechte Spalte einzutragen.

Aufgabe	1	2	3	4	5	6	7	8	9	10	11	12	13	14	15	16	17	18	19	20	Anzahl
101.	p	p	q	b	p	q	p	b	q	p	p	q	b	q	p	d	p	q	p	q	
102.	p	p	b	d	p	p	q	p	d	q	p	q	d	q	p	b	p	q	p	q	
103.	p	b	p	q	p	d	d	p	q	p	b	p	q	d	q	p	d	p	q	p	
104.	p	d	p	b	p	q	p	p	b	p	q	p	q	q	p	d	q	p	q	q	
105.	p	d	q	p	d	q	p	b	q	p	p	b	q	d	q	p	q	d	q	p	
106.	d	p	p	d	p	b	b	p	d	p	q	p	q	q	p	p	q	p	q	q	
107.	b	p	d	q	q	p	d	p	p	q	d	q	q	p	b	q	p	q	q	p	
108.	d	p	d	p	p	q	p	q	b	q	q	p	b	d	p	p	q	p	d	p	
109.	p	p	q	q	d	q	q	p	q	p	d	p	b	p	q	b	p	d	p	d	
110.	p	d	d	p	q	p	b	q	p	b	q	p	q	p	b	p	q	p	q	b	
111.	p	p	d	p	d	p	q	p	q	p	d	p	q	q	b	p	b	p	q	q	
112.	p	q	q	p	q	p	d	p	d	p	p	p	q	d	p	p	d	b	q	p	
113.	p	b	p	d	p	p	d	p	p	q	p	d	p	q	p	b	p	b	p	q	
114.	p	b	b	p	d	p	d	p	q	p	d	q	p	q	q	d	p	q	p	q	
115.	p	p	d	p	b	p	b	b	p	d	p	p	q	q	p	d	d	p	q	q	
116.	p	d	p	b	q	p	b	q	p	q	p	b	q	q	p	d	d	p	q	q	
117.	p	p	q	p	q	p	q	b	p	q	q	d	q	p	q	d	q	p	q	p	
118.	p	p	b	b	p	d	q	p	q	q	q	p	d	d	q	p	d	p	b	p	
119.	p	p	p	b	p	b	d	p	d	p	q	p	b	p	p	p	q	b	p	p	
120.	p	p	b	p	b	p	d	q	p	p	q	p	q	p	d	b	p	q	q	q	
121.	p	p	b	q	p	b	q	p	q	q	p	q	p	d	p	d	p	q	p	p	
122.	p	p	q	q	p	b	q	q	p	b	q	q	p	d	d	p	q	q	p	p	
123.	p	p	p	b	p	b	p	q	b	q	p	p	q	d	q	d	p	q	p	q	
124.	p	d	p	b	p	d	p	p	b	p	p	q	q	q	p	b	q	q	q	q	
125.	b	p	b	p	d	p	d	p	d	p	p	b	q	p	q	p	p	b	d	p	
126.	p	b	p	p	d	p	q	p	q	p	b	q	q	p	d	p	q	p	q	q	
127.	p	d	p	b	p	p	b	p	q	p	p	q	p	d	p	q	p	q	q	p	
128.	q	p	q	q	p	q	p	p	p	q	p	p	q	p	p	p	p	p	p	q	
129.	p	q	p	d	p	d	p	b	b	p	q	p	q	p	b	d	q	p	q	p	
130.	p	q	p	q	b	p	p	p	b	p	d	q	d	q	p	b	q	p	q	q	
131.	p	p	b	d	d	p	b	q	p	q	p	d	q	p	d	q	p	b	p	p	
132.	p	p	p	p	b	d	p	p	b	p	q	q	d	q	p	b	p	q	p	q	
133.	p	p	p	b	p	b	d	p	p	p	d	p	q	p	d	p	q	p	p	p	
134.	q	p	q	q	q	p	d	p	q	p	p	q	p	p	p	d	b	b	q	q	
135.	p	q	q	p	p	q	q	p	d	p	q	p	d	b	b	p	q	p	q	p	
136.	p	d	p	q	q	p	q	q	p	b	d	p	p	q	p	b	d	d	q	p	
137.	q	q	p	p	q	p	d	q	d	p	b	q	p	b	p	p	p	q	q	p	
138.	p	q	p	q	p	p	q	p	p	p	q	p	b	q	b	q	p	b	q	p	
139.	p	p	q	p	q	p	p	q	b	p	b	p	d	q	p	q	p	d	p	p	
140.	p	p	q	p	p	p	p	b	d	b	p	b	p	q	p	d	d	p	p	p	

Ausbildungspark Verlag

Lübecker Straße 4 • 63073 Offenbach
Tel. 069-40 56 49 73 • Fax 069-43 05 86 02
Netzseite: www.ausbildungspark.com
E-Post: kontakt@ausbildungspark.com

Copyright © 2012 Ausbildungspark Verlag – Gültekin & Mery GbR.

Alle Rechte liegen beim Verlag.

Das Werk, einschließlich aller seiner Teile, ist urheberrechtlich geschützt. Jede Verwertung außerhalb der engen Grenzen des Urheberrechtsgesetzes ist ohne Zustimmung des Verlages unzulässig und strafbar. Das gilt insbesondere für Vervielfältigungen, Übersetzungen, Mikroverfilmungen und die Einspeicherung und Verarbeitung in elektronischen Systemen.